"基"不可失

The fund cannot be lost
—how to achieve the goal of "one hundred million"

——教你实现"1个亿"的小目标

吴纪宁 ◎ 著

经济管理出版社
ECONOMY & MANAGEMENT PUBLISHING HOUSE

图书在版编目（CIP）数据

"基"不可失——教你实现"1个亿"的小目标/吴纪宁著.—北京：经济管理出版社，2017.2

ISBN 978-7-5096-4863-6

Ⅰ.①"基"… Ⅱ.①吴… Ⅲ.①私人投资—通俗读物 Ⅳ.①F830.59-49

中国版本图书馆 CIP 数据核字（2017）第 002861 号

组稿编辑：宋　娜
责任编辑：宋　娜
责任印制：黄章平
责任校对：王淑卿

出版发行：经济管理出版社
（北京市海淀区北蜂窝 8 号中雅大厦 A 座 11 层　100038）
网　　址：www.E-mp.com.cn
电　　话：(010) 51915602
印　　刷：三河市延风印装有限公司
经　　销：新华书店
开　　本：720mm×1000mm/16
印　　张：12
字　　数：161 千字
版　　次：2017 年 2 月第 1 版　2017 年 2 月第 1 次印刷
书　　号：ISBN 978-7-5096-4863-6
定　　价：38.00 元

·版权所有　翻印必究·

凡购本社图书，如有印装错误，由本社读者服务部负责调换。
联系地址：北京阜外月坛北小街 2 号
电　话：(010) 68022974　邮编：100836

◇ 序 言

　　生活在这个世界的人，每个人都希望自己能够成为富翁，因为钱能帮助人做很多事。即使不能成为富翁，大家也都希望自己能够丰衣足食，体面地度过一生。没有人会想让自己穷困潦倒地度过一生。

　　有的人说，"富贵于我如浮云""钱是王八蛋"。说这类话的人大致有两种：一种是功成名就，早已富起来的人。他们是得了便宜又卖乖，明明发了财，偏要说自己丝毫不看重，这即便不是虚伪，多少也有些矫情吧。另一种是名利两空、生活潦倒的人。这类人若不是真的淡泊名利，则未免有点阿Q精神，吃不着葡萄就说葡萄酸。

　　其实人生在世，正如孔子所言，"富与贵，是人之欲也"，很正常的事。人来到这个世上是赤条条的，倘若没有身外之物，能生存下去吗？尽管身外之物生不带来，死不带走，但人只要活着，就少不了钱。若要活得好，这身外之物自然是多一些、舒适一些、高雅一些更好。所以，人并不是不需要钱，而是这钱是怎么赚来的。如果是辛勤劳动和依靠智慧理财得来的，合理合法，那自然无可厚非，并且还需要鼓励、宣传，因为这有助于提高人的素质、推动社会的进步。所以，你不仅要会挣钱，而且要会理财。

　　然而，这个世界怪就怪在有些人不会理财。有些人自认为富甲天下，吃不穷，穿不穷，有几辈子都花不完的钱。但结果却是晚年风光不再，甚至穷困潦倒、凄惨离世。如前重量级拳王泰森，最富有时曾

"基"不可失——教你实现"1个亿"的小目标

有4亿美元身家,曾经一场拳进账几千万美元,但晚年却负债数千万美元。一代流行音乐天王迈克尔·杰克逊曾经日进斗金,但他的花销同样十分可观,可在他人生的最后几个月,却越来越绝望于窘迫的生活状况,于北京时间2009年6月26日在家中猝逝。两度获封奥斯卡影帝、曾被誉为电影史上"最伟大演员"之一的马龙·白兰度,晚年竟然需要靠政府退休津贴度日。

最近有媒体报道,2008年9月10日,在浙江绍兴钱清镇打工的25岁小伙陈某在一家福彩投注站买了注彩票,并且2倍投注,总共花了20元,结果,他却中了1000万元,在当地引起了轰动。但5年后的2013年12月28日,他被绍兴警方抓获时,不仅负债累累,而且身上仅有80元现金。这是典型的不会理财的结果。

然而,在积累财富的道路上,有些人起步时虽然收入不高,但由于精于理财,善于投资,最后却跻身于世界富豪之列。如美国最具影响力的创富网站创建人拉米特·塞希、《富爸爸、穷爸爸》的作者罗伯特·清崎以及世界股神巴菲特等。

中国有句古话:"吃不穷,穿不穷,算计不到一世穷。"说的就是一个人来到世上,不能浑浑噩噩地过日子,要学会划算,这样才能一生都不缺钱,才能体面地度过一生。如果不会划算,纵使一时富有,也会有家产败光的时候,也会晚景凄凉、穷困潦倒。

理财要不要学习?要。因为这个世界发展越来越快,竞争也越来越激烈。虽然国家为每个人都提供了很好的福利,但你有劳动能力时,也许会获得很高的收入,而一旦你退休或失去劳动能力,如果没有积蓄,那么生活将会变得非常艰难,国家福利也只能保证你的基本生活。所以,你必须学会理财,为自己的一生做好谋划。否则,就会如上述的那些富人们一样,虽一时富甲天下,但最终却会穷困潦倒、晚景凄凉。

学理财难不难?不难。因为理财就在我们身边,只要你稍微用心一点,比别人多花一点时间学习一下,你就能超越一般人,成为富有的一员。你不需要专业的财经知识，不需要高深的投资技巧，只要你能按本书的介绍转变观念，学会简单的几招，你就能在理财的道路上先人一步，实现致富梦想。

　　我看过很多介绍理财的图书，但那些图书，要么不符合中国国情，要么不适合于普通老百姓。如《富爸爸、穷爸爸》系列图书介绍的提高财商的方法，那些方法，我认为一般人是很难学会的。因此，本书不做介绍。本书介绍的方法，是普通老百姓、平民投资者能够看得懂并且能做得到的方法，揭示的是投资的一般规律。如果你掌握了其中的方法，投资就会变得非常简单、实用，而你的生活也会变得芝麻开花节节高了。

吴纪宁

2016年9月于芙蓉苑

◇ 目 录

引 子 …………………………………………………………… 1

第一章　明白道理 …………………………………………… 3

　　第一节　投资"三性" ………………………………… 5
　　第二节　明白复利 ……………………………………… 9
　　第三节　盈亏规律 ……………………………………… 13
　　第四节　马太效应 ……………………………………… 18
　　第五节　专业制胜 ……………………………………… 22
　　第六节　顺势而为 ……………………………………… 26
　　第七节　知行合一 ……………………………………… 30
　　第八节　错误理念 ……………………………………… 33

第二章　学会攒钱 …………………………………………… 39

　　第一节　树立信心 ……………………………………… 41
　　第二节　约束自己 ……………………………………… 45
　　第三节　持之以恒 ……………………………………… 49
　　第四节　正确行为 ……………………………………… 53
　　第五节　开源节流 ……………………………………… 57
　　第六节　提高收益 ……………………………………… 61

第七节	力避错误	65
第八节	避免攀比	69

第三章　如何理财 ································ 73

第一节	选准渠道	75
第二节	学点周易	79
第三节	分析周期	83
第四节	多做统计	88
第五节	判断牛熊	92
第六节	实现抄底	96
第七节	顶部特征	100
第八节	计划行事	104

第四章　了解基金 ································ 109

第一节	基金种类	111
第二节	基金规模	117
第三节	基金排名	123
第四节	明星经理	127
第五节	事业部制	131
第六节	具体操作	135
第七节	注意事项	139
第八节	加强学习	143

第五章　题外的话 ································ 147

第一节	拒绝杠杆	149
第二节	不乱投资	154
第三节	科学消费	158
第四节	富人思维	162

第五节　看清自己 …………………………………… 166

第六节　正视金钱 …………………………………… 170

第七节　洁身保富 …………………………………… 174

第八节　多多行善 …………………………………… 178

结束语　理财就这么简单 …………………………………… 181

◇ 引　子

　　安妹大学刚刚毕业一年，转正后月薪才3000元，就立志要成为百万富翁。虽然有些朋友笑她异想天开，她却并不理会，而是四处寻找理财高手指导。在朋友的引见下，安妹找到一个投资高手刘跃。

　　刘跃听了安妹的理想，呵呵一笑："不要说百万富翁，亿万富翁都能做得到，关键是你要学习使用我教给你的方法。"

　　安妹问："这些方法难学吗？"

　　刘跃说："很简单，任何人都能学得会并做得到，关键是要持之以恒。"

　　"那你就快快教我吧。"安妹急切地说。

　　"不急，投资理财来不得半点性急，你只要沉下心来，认真学习好我教给你的五堂课，并且努力运用于实践，成为亿万富翁就是铁板钉钉的事。只是这些简单的道理很多人都不甚了解，就断然去否定，这些人自然一辈子受穷了。譬如你想成为百万富翁，别人嘲笑你月收入3000元，每月除了生活费后所剩无几，哪里还能成为百万富翁？事实上，现在很多农民工月收入只1000多一点，他们能够在城市里生存下去，就说明如果你生活稍微节俭一点，每月存1000元还是能够存得下的。每月存1000元，年收益20%，那么40年内你就会成为亿万富翁。"

　　"真的吗？"安妹插话问道。

"基"不可失——教你实现"1个亿"的小目标

"当然,这是有表格计算的。这个公式不是我的发明,这是当年李嘉诚年轻时上夜校,一个老师教给他的:'每年存1.4万元,年收益20%,40年就是亿万富翁。'这句话大多数人都没有记住,但李嘉诚记住了,并且努力实践,终成一代富豪。我是将别人教给李嘉诚的这段话再分解,变成月存1000元,年收益20%,40年就会成为亿万富翁。"

"李嘉诚的这段话我也多次看到过,却没有认真去思考,按照他这个方法,真的能成为亿万富翁?而且月存1000元我做得到,年收益20%怎么做到?"

"这就要用我教给你的方法。其实每个人踏入社会以后,都要学会投资理财,才能战胜通货膨胀,战胜贫穷,过上幸福美好的生活。吃不穷、穿不穷,不会划算一世穷。如何划算,以钱生钱?这其实是一门简单的学问。但就是这样一门简单的学问,很多人都不甚了了,却还要自充里手,结果自然无法富起来。当然,我也有过失败的经验教训,才建立起自己的一套理财方法,希望我的这些东西能对你有用。"

"简单实用易操作,年收益能够保证20%我就心满意足了。"安妹说。

"20%的年收益是基本的,实际操作中我们往往年收益能够超过20%,这样成为亿万富翁的时间还会大大缩短。"

"那真是太好了,老师你就快快讲讲你的五堂课吧。"

"这五堂课我分五章讲,中间有不懂的你也可以问,我们互相学习、互相促进。"

"刘老师太谦虚了,我会认真学习你的方法的。"安妹真诚地说。

◇ 第一章

明白道理

"做投资首先要明白道理，所谓理论先行。许多人投资失败，就在于理论都还没有搞清楚，看到别人赚钱就急匆匆杀进去，哪有不亏钱的？所以我的第一课就是要讲一些基本的道理，明白了这些道理，才知道应该如何做，才能防范可能出现的错误。"

"对的，理论指导实践，理论在实践中升华。我读书时也重视对理论的学习，只是理论与实践的结合现在还在启蒙阶段，正好补上这一课。"安妹说。

"做投资正是理论与实践相结合最好的场所。你慢慢体会吧。"刘跃说。

"投资有哪些基本理论呢？"安妹问。

第一节 投资"三性"

> 不知道投资的"三性",便谈不上会投资。
>
> 问:为什么要重视投资的安全性、流动性和收益性?
>
> 答:因为我们的钱都是千辛万苦挣来的血汗钱,不容闪失。所以任何投资都要将安全性放在第一位,在安全的前提下,才能追求投资收益的最大化。当然,钱是为人服务的,所以在我们需要用钱时,还要使投资的钱能够随时取出,也就是要具有良好的流动性。只有"三性"合一,综合考虑,才能真正找到适合我们老百姓的投资项目。

"首先是投资的'三性'问题,即安全性、流动性、收益性。"

"刘老师,我不是学经济出身的,有些问题还请你讲得更详细一点。"安妹说。

"好的。就拿储蓄来说吧,其实它也是一种投资行为,只是我们习以为常,不在意罢了。银行储蓄安全性就不用说了,从流动性来讲,活期储蓄流动性好,但收益低;定期储蓄流动性差,但收益相对高一点。所谓安全性,就是自己的资金投出去要保证安全,至少能收回本金。从这一点看,银行储蓄的安全性无疑是有保证的。但新的银行法出台后,资金存在银行也不保险了,因为新银行法规定,银行破产,最高赔偿额是50万元。所以有人建议每个银行的存款最多不要超过50万元。但至少目前来讲,银行破产的情况还不可能发生,尤其是国有的五大商业银行,基本上不存在破产的风险。因为五大国有商业银行

"基"不可失——教你实现"1个亿"的小目标

牵涉的面太宽了,一旦破产,会引起社会动荡不安。因此,国家在控制五大国有商业银行的经营风险上是不遗余力的,五大国有商业银行破产的概率很低。换句话说,把钱存在五大国有商业银行是最安全的。所谓流动性,即你想取钱时就能把钱取出来。这一点银行的活期储蓄做得到,而定期储蓄也可以提前支取,但提前支取只能算活期的利息。也就是说,银行存款的流动性也是很好的。所谓收益性,就是利息有多少?银行存款利息相对较少,活期储蓄利息比不过通货膨胀,一年期定期储蓄利率也常有低于通货膨胀的现象,也就是人们常说的负利率。所以将钱存在银行短期是安全的,长期来说并不安全,因为它降低了资金的购买率。也就是一百元,一年前能够买到的东西,你把它存在银行,过了几年,你连本带利取出来,却买不到原来的东西了,因为物价上涨了。"

"你讲的这个东西我很认同,我的父母就喜欢存钱,结果越存越少,以前能够买得起房子,现在也买不起房子了。如果早知道房价这么涨,买个房子也比存银行强。"

"房子是个特例,而且是房改的产物,今后房价随着人口红利的消失,它的涨幅会很有限了,甚至还有跌的可能性。而且房子是不动产,流动性差。所以我建议你在有房子时没有必要再置房产,甚至年轻时租房子住都比买房子强。因为有房子的人会买很多东西,堆满房间,不像租房子住的人,居家的东西相对简单,有时甚至一个皮箱就会拖走全部家当。由于居家的东西相对简单,所以能节省不少钱用于投资理财。长期而言,只要投资得法,收益是很可观的。"

"那我现在的钱该如何投资呢?"安妹问。

"你可以到银行去开个户,然后开通网银。再回家在电脑上操作,注册一个基金公司的账户,绑定银行卡,以后有钱就通过银行卡充值到这个基金公司账户上,充值的钱是按货币基金的收益计算的。"

"这样做有什么好处?"安妹问。

"从'三性'来讲,货币基金至少比银行储蓄要好。2012年以前,货币基金的收益很多不如一年期定期储蓄，但2012年以后，货币基金的收益都要高于一年期定期储蓄，为什么？就是因为货币基金大量介入银行承兑汇票，银行承兑汇票几乎是没有任何风险的，可以说比银行存款还安全，因为银行存款要贷出去，贷款还会有坏账损失呢。银行承兑汇票只是持有的时间要长一点，到期才能兑付。这样货币基金为企业急需用钱解决了实际困难，又提高了货币基金的收益。所以货币基金从安全性来讲，它并不比银行存款差。从收益性来讲，自2012年以来，几乎所有的货币基金都跑赢了一年期定期储蓄。从流动性来讲，货币基金是持有一天计算一天的收益，每个月收益都会转成份额，相当于复利计算。要提现时随时可以提现，前面的收益不会按活期进行计算。所以无论是安全性、流动性还是收益性，货币基金都要好于一年期定期储蓄。更关键的是，这些货币基金在行情好的时候转换成股票基金时，有的甚至不收任何手续费，有的收手续费也是比较少的。这样，我们充值到基金公司账户，平时就能享受货币基金高于银行一年期定期储蓄的收益，有机会时转成股票基金还能享受超额收益。也就是说年收益有可能超过20%，长期会实现亿万富翁的梦想。"

"这么好的投资品种，以前怎么没听人说过啊？"安妹问。

"不是没有人说起过，而是货币基金收益相对于股票基金而言是太少了，因此研究的人就少。而年纪大的人对新事物接受得慢，还是习惯于有钱存银行，这就无疑让货币基金成为一个投资的盲点。而我是一个投资相对而言保守的人，什么投资都要从'三性'上认真加以考虑和比较，这一比较就找到了好的投资品种了。当然，就我的整个理财方式而言，我热衷于基金投资，自然对各种基金关注就更多一点。"

"你怎么不做股票期货呢？那样赚钱还快一点。"安妹问。

"我不是投资的专业人员，大部分老百姓也不是投资的专业人员，所以我们要学会借智理财，要借专业人员的智慧和能力来帮我们赚钱。炒股炒期货，我们都是业余队员，你在哪儿看到业余队员战胜过专业队员的？就算偶尔获胜，长期而言，业余队员都是会输给专业队员的。

所以股票市场有七亏二平一赚的说法。哪个赚？当然是那个专业队员啦。所以不要想着在股票期货市场中去赚钱，否则你会亏得很快，百万富翁、千万富翁、亿万富翁梦会永远无法实现。这是我的忠告，以后我会谈到。希望你能记住。"

"你说得很有道理，我记住了。但现在基金公司这么多，我到哪个基金公司去开户呢？"安妹问。

"民生加银基金公司和国泰基金公司都可以，它们实行事业部制的激励机制，人员流动不是那么频繁，尤其是明星基金经理，不会像有些基金公司基金经理辞职那么频繁。而买基金就是要买明星基金经理管理的基金，那样才有可能保证平均年收益20%以上。因为基金有做得好的，也有做得不好的，2015年最赚的基金年收益170%以上，最亏的基金也亏了40%。"

"我的妈呀！差别那么大？"安妹问。

"当然，你要记住，任何行业、任何事业，成功率都只有10%左右，所以古人有个成语叫'九死一生'，这个成语生动地概括了事物发展的规律，可惜现在很多人对这个成语并没有引起重视，所以现实生活中还是失败者多，这一点一定要引起我们的重视。我们在任何一个领域要想成功，就要学会借这个专业中最强的人的智慧来帮助自己，这样我们在不熟悉的领域才有成功的希望。"

"你的这个理念很重要，为我今后的工作和生活指明了方向，谢谢你！"安妹说。

◊ 编后语

任何行业、任何事业，成功率都只有10%左右，所以古人有个成语叫"九死一生"。九死一生，意味着我们需要找到真正的强者。在自己不是顶尖高手的领域，用自己手中的真金白银去试运气，这是赌徒心态，不是智者所为。找到那10%的生机，站在大咖的身边，借力用力才是正确的路径。

第二节　明白复利

> 被爱因斯坦称为世界第八大奇迹的复利，威力确实比原子弹还可怕。
>
> 问：明白复利有什么好处？
>
> 答：复利可以通俗地称为利滚利，每个月存1000元，在年收益20%的情况下，40年的本息和可以超过一个亿。由此可见，即便你起点不高，只要掌握好了复利并持之以恒，可以达到你原本想都不敢想的高度。

"我们现在说第二个问题，成为亿万富翁的计算公式，即复利的威力。关于复利，著名科学家爱因斯坦说过一句话：'复利是世界第八大奇迹，复利的威力比原子弹还可怕。'爱因斯坦为什么说这句话？因为他在斯坦福大学教书时，就是请的一个理财师帮他理财，结果让他看到了惊人的财富。关于复利，我们耳熟能详的一个故事是：一位苏丹国王对一个大臣心存感激，因为这个大臣伟大的行为，拯救了苏丹帝国，苏丹国王希望好好地奖励这位大臣，大臣谦逊地回答说，只愿意接受在西洋棋盘第一格放一粒小麦，第二格放两粒小麦，第三格放四粒小麦，第四格放八粒小麦……以此类推，把64个格子放满就行了。苏丹国王以为这是一个简单的要求，立刻就同意了。悲惨的是，苏丹国王并没有认识到复利可怕的力量，任何东西连续加倍64次，都会变成一个天文数字。少数几粒小麦经过复利计算，总价值比整个帝国所有财富加起来还多！结果苏丹国王傻眼了。"

"基"不可失——教你实现"1个亿"的小目标

"这个故事我听过，听后不以为然，想不到跟我们的投资也有关。"安妹说。

"当然有关，小麦堆棋盘是以1倍的速度递增的，我们不算一倍的速度递增，就算每年20%、30%甚至50%，累计的效应是惊人的。一个月存1000元，年收益20%，40年后收益就有近一个亿，这里有一个表格。"说着，刘跃递过一个表格给了安妹。

单位：元

第一年	13300	第二年	29260	第三年	48412	第四年	71394
第五年	98973	第六年	132068	第七年	171781	第八年	219438
第九年	276625	第十年	345250	第十一年	427600	第十二年	526421
第十三年	645005	第十四年	787306	第十五年	958067	第十六年	1162980
第十七年	1408876	第十八年	1703952	第十九年	2058042	第二十年	2482950
第二十一年	2992840	第二十二年	3604708	第二十三年	4338950	第二十四年	5220040
第二十五年	6277348	第二十六年	7546118	第二十七年	9068641	第二十八年	10895670
第二十九年	13088104	第三十年	15719025	第三十一年	18876129	第三十二年	22664656
第三十三年	27210887	第三十四年	32666364	第三十五年	39212937	第三十六年	47068825
第三十七年	56495889	第三十八年	67808367	第三十九年	81383341	第四十年	97673309

"如果一个月存1000元，年收益30%，那么只要29年就能成为亿万富翁。如果一个月存1000元，年收益50%，那么只要20年就能成为亿万富翁。"说着，刘跃又递了一张表格给安妹。

年收益30%本息和一览表：

单位：元

第一年	15600	第二年	35880	第三年	62244	第四年	96517
第五年	141072	第六年	198994	第七年	274292	第八年	372180
第九年	499434	第十年	664864	第十一年	879923	第十二年	1159500
第十三年	1522950	第十四年	1995435	第十五年	2609666	第十六年	3408166
第十七年	4446216	第十八年	5795681	第十九年	7549985	第二十年	9830581
第二十一年	12795355	第二十二年	16649562	第二十三年	21660030	第二十四年	28173640
第二十五年	36641332	第二十六年	47649331	第二十七年	61959731	第二十八年	80563250
第二十九年	1.047亿	第三十年	1.362亿	第三十一年	1.770亿	第三十二年	2.302亿

年收益50%本息和一览表：

单位：元

第一年	18000	第二年	45000	第三年	85500	第四年	146250
第五年	237375	第六年	374062	第七年	579093	第八年	886640
第九年	1347960	第十年	2039941	第十一年	3061712	第十二年	4610568
第十三年	6933852	第十四年	10418778	第十五年	15646167	第十六年	23487251
第十七年	35248876	第十八年	52891315	第十九年	79354973	第二十年	1.190亿

"啊，真的能成为亿万富翁啊？"安妹边看边表示怀疑。

"真的，我们是不算不知道，一算吓一跳。我给你这些表格，就是要让你明白，成为亿万富翁并不是什么难事。但你首先得知道这个事实，然后按照表格的盈利目标每年完成20%或30%就行了。"

"有没有买了不用想事，几年或十几年年均递增超过20%的投资品种？"安妹问。

"有啊，我举几个例子，华夏大盘精选（000011），2004年8月11日成立，至2015年12月31日，累计净值15.512元，等于每年递增27.5%；嘉实增长（070002），2003年7月9日成立，至2015年12月31日，累计净值10.677元，等于每年递增20.8%；兴全趋势投资（163412），2005年11月3日成立，至2015年12月31日，累计净值

8.6913元，等于每年递增22.2%；银华价值精选（519001），2005年9月27日成立，至2015年12月31日，累计净值7.7768元，等于每年递增21.1%。这些基金都经历了2008年的暴跌，如果从发行开始一路持有到现在，按复利计算，年收益都会在20%以上。当然，我们如果要找，还能找到一些。这些基金是不分牛熊一路持有都能赚到20%以上的。如果我们能够分析出牛熊市，在牛市中持有股票基金，在熊市中持有货币基金，那么年收益会更高一些。至于如何区分牛熊市，我在以后的课程中还会专门谈到。"

"看了这些表格和老师的举例，我更期待以后的课程了。"安妹说道。

"不要急，我们先讲清道理，然后寻找规律，这更有利于你今后的投资理财。如果不明白道理，糊里糊涂地赚，也会糊里糊涂地亏，结果自己的资产老是不见增长，人也就没有信心了。知道了投资的道理，回避掉不利因素，我们的资产就能随着时间的推移看着它一步步成长了。所以持之以恒地坚持正确的投资策略十分重要。"

"嗯，你说的都很重要，等于向我打开了一扇窗户，让我看到了一个全新的世界。听了你的一席话，我对成为亿万富翁的信心更足了。我都恨不得现在就入市，加入到赚钱的行列中来。"

"你回去后就可以开个基金户啊，然后按我的方法慢慢试着做，边做边体会，你就会有很大的收获。"

"但很多人都说投资市场是个风险很高的市场，这个市场赚钱的少，亏钱的多，我们要如何回避亏钱呢？"安妹问。

"这就涉及我说的第三个问题：盈亏规律。"

◇ 编后语

寓言故事中说的小事，往往是可以运用到实际生活之中的，只不过大众看懂了之后很少触类旁通。看似简单的数学题，你明白后把它运用到个人理财之中，收获的就是真金白银了。

第三节　盈亏规律

> 盈少亏多，任何市场都一样，这是一个普遍规律。
> 问：为什么会存在盈亏规律？
> 答：因为世界的资源是有限的，而人的欲望是无穷的，这样就会产生竞争。竞争的结果，只能是少数人占有大部分资源，而多数人一无所有。总有人会输，也总有人会赢，你要做的就是努力让自己站在赢家的队伍中。

"什么是盈亏规律？"安妹问。

"盈亏规律是自然界的普遍规律，因为世界上的资源是有限的，而人的欲望是无限的，这样就会产生竞争，而竞争的结果只能是少数人占有大部分资源，而多数人却一无所有。所以有'九死一生'之说，也就是说90%的人都会失败的，成功者只有10%。这个规律在股市中也适用，因为世界股市的统计数据表明，七亏二平一赚是铁律。这还只是一轮牛熊市下来的统计。如果长期统计下来，成功者更是寥寥无几。所以世界股市历史中有很多牛人都是以自杀收场的。这对我们应该是一个很好的警示了。"

"是啊，正因为如此，我都不敢炒股。"安妹说。

"我也不赞成你炒股，因为你没有投资基础，还有自己的工作，你炒股，就是一个业余队员，你如何竞争得过市场中的专业队员基金经理和证券从业人员呢？但我们不炒股，不等于我们就不能入市，我们可以借用专业队员的智慧啊，买基金就是借用他们智慧的一条好途径。

"基"不可失——教你实现"1个亿"的小目标

这个方法我以后会详谈。现在我们讨论盈亏规律,我就是要让你明白,投资亏钱是常事,我们要对市场有敬畏之心,要尽最大努力来防止亏损。因为100万元,亏损50%就只剩下50万元了。而50万元要恢复到100万元,必须赚100%才行。显然,亏损50%比赚取100%要容易得多。如果我们不顾市场风险而强行入市,那么钱亏起来就会很容易,要赚回来却千难万难。2015年股灾,很多人就将以前赚到的钱全部还回给了市场,甚至有十几年积累的中产阶级变成一无所有的情况。所以我们千万不能亏。而不能亏最好的投资是什么?就是只做牛市不做熊市,波段操作要学会低吸高抛。"

"低吸高抛说起来容易,做起来却很难。因为市场往往要走出来后我们才知道是不是牛市、是不是熊市,你是如何判断呢?"安妹问。

"判断牛熊有很多方法的,譬如用周易预判,再结合技术分析。譬如大盘跌到620周均线下就是底部。这些判断我以后也会专门说的。"刘跃说道。

"那盈亏还有些什么规律呢?"安妹问。

"有一些基本的算术方法你得明白。譬如你有100万元,如果每天只赚1%就离场,那么一年下来你会有多少资产?按一年250个交易日计算,会有1203.2万元,两年后就达到1.45亿元了。当然,这是一种理想状态,一般人根本不可能每天赚1%。但这个计算数据告诉我们,只要不贪心,只赚不赔,在复利的作用下,你的资产是会增长得很快的。另一道数学题是,假如你有100万元,第一年赚40%,第二年亏20%,第三年赚40%,第四年亏20%,第五年赚40%,第六年亏20%,那么六年后你的资产是多少?年化收益率是多少?六年后资产达会到140.5万元,年化收益率5.83%。为什么出这么一道奇怪的数学题呢?因为近几年不少股票型基金的年收益率正是这样的,而普通投资者看不起年赚40%,都想着每年翻番,结果不仅没有翻番,而且连本金也都赔进去了。所以没有金刚钻,不要揽瓷器活。我们要深刻认识到自己的不足,然后借助专家的智慧,才能尽可能地让我们少亏多赚。当然，这道数学题有一个不足，就是分不清市场是牛市还是熊市，实行的是一种一路持有的长线策略。假如我们能分清牛熊市，只做牛市，不做熊市，那么收益率会更高，也就是平均以年赚20%为目标。"

"刘老师，我是投资理财的一块白板，要年赚20%怕不是那么容易吧？"安妹问。

"如果让你自己去操作赚钱，不要说20%，就算能保住本钱就不错了。所以我强调的是借力使力，就像刘备借诸葛亮之力、朱元璋借刘伯温之力一样，我们做任何事都要寻找那个行业中的佼佼者，来帮助我们尽可能实现目标的最大化。譬如投资，我们要找的专家就是基金经理，而且是明星基金经理。因为基金经理有做得好的，也有做得不好的。2015年，赚得最多的基金赚了170%多，做得最差的基金也亏了40%。所以，我们只能在基金经理中好中选好，选那样业绩长期优秀的基金经理，我们才有年赚20%的希望。换句话说，只有明星经理，才能在熊市中少亏，在牛市中大赚。所以，如果我们不知道牛熊市，能找一个好的基金经理，中长线投资他管理的基金，也能实现年赚10%甚至年赚20%的目标。我前面讲的几个很牛的基金，就是因为明星基金经理打理过，才能年赚20%以上。事实上，在620周均线以下，很多明星基金经理都能年赚10%甚至20%以上，而在震荡市中，明星基金经理也能赚钱，跑赢市场，更不用说牛市了。所以投资明星基金经理管理的基金，我们就能放心地中长线持有，也就等于我们请到一个投资专家在帮我们理财了。"

"刘老师，我听说有的基金经理不把散户的钱当一回事，肆意做庄，反正盈亏他不用负责。投资基金安全吗？"安妹问。

"当然安全。基金经理中不排除有害群之马，损害散户利益，但大多数基金经理还是要为散户负责的，因为他只有为散户赚钱了，树立了良好的形象，才能吸引更多的散户投资，从而做大做强基金，他才能赚更多的钱。尤其是明星基金经理，他为什么能成为明星？就是因为他持续赚钱，做出品牌效应了，大家愿意把钱交给他，让他为自己赚钱。所以我们不要用怀疑的眼光看待基金经理这个行业，而是要深入地研究他们，找到好的基金经理，让他为我们更好地服务。"

"做基金会亏吗？"安妹问。

"肯定会有亏的。我前面不是说过，任何行业，成功者只有1/10，基金经理也不例外。基金经理相对于普通投资者，他们是赚钱的一族，但基金经理与基金经理之间的比较，最成功的也只有1/10。所以我们就要找到这成功的1/10，专注于投资他们所管理的基金。譬如2015年，最亏的基金也亏了40%。别小看这40%，要赚回来至少要赚80%以上，在目前这样的行情中，没有几年别想赚回来。而这些基金能亏40%，就说明他们的操作水平的确有一些问题，而要赚回来就更不容易了。所以我们还是要找明星基金经理管理的基金来投资。投资明星基金经理管理的基金，就像投资一只成长股一样，净值是不断增长的。所以就算你在最高点买入他管理的基金，只要时间够长，也有赚钱的机会。如2007年6124点附近买的明星基金经理管理的基金，持有到现在，大部分都翻了1倍甚至2倍。当然，十来年时间翻一两倍，年化收益率还不到10%，是亏了一点。但换一个角度考虑，明星基金经理管理的基金，只要持有时间够长，那就是稳赚不亏的，并且要远好于银行定期储蓄。从这个角度来考虑，中长线持有明星基金经理管理的基金是很划算的。但这不是我们追求的目标，我们追求的目标是年赚20%以上，所以你要认真听我讲的这五堂课，学习正确的投资理念，学会判断牛熊市，专做牛市，回避熊市，这样才能大大加快你成为亿万富翁的步伐。"

"明星基金难道不会在熊市中空仓吗？"安妹问。

"不会，因为基金有排名的压力，而且基金由于资金量庞大，其建仓不可能一两天就完成。此外，基金投资的股票都是经过充分调研的，其投资的股票也会有逆市而动的。当然，还有一些我们所不知道的原因，所以在熊市中明星基金只会减仓不会空仓。但熊市来临，系统性风险降临,我们是要清空基金的,这个时候就不能完全依赖于明星基金经理了。即使其净值逆市上涨,我们也要抛,宁可错过,绝不能做错,防风险才是第一位的。"

"你这么说我就明白了,防亏损是第一位的,只要不亏,稳着赚,财富才会积累起来,是这样的吧?"安妹问。

"是的,投资市场是一个高风险市场,所以防风险这根弦必须时刻紧绷着。只有随时把风险放在第一位,你才能防患于未然,不至于被市场的风险所湮没。"

"嗯,我记住了。"安妹回应道。

◇ 编后语

盈利永远比亏损难,亏损一半的钱,要赚 1 倍才可以回本。大家都想赚钱,你想成为笑到最后的人,他又何尝不是?赢家只属于少数者,千万别被眼前的成功冲昏了头。

第四节　马太效应

> 好的越好，坏的越坏，马太效应就是这么无情。
> 问：如何评价马太效应？
> 答：马太效应是客观存在的规律，不要纠结其是否合理或公平，在它面前每个人都是平等的。你平时越努力，肯定会变得越好；你越放纵自我，那走的自然就是下坡路。

"我们现在来谈下一个问题，马太效应。什么是马太效应？马太效应来源于《圣经·马太福音》，说的是好的会越好、坏的会越坏、多的会越多、少的会越少这样一种不合理的社会现象，但这种社会现象又是客观存在的。1968年，美国科学史研究者罗伯特·莫顿借用这个术语，概括这样一种社会心理现象：'相对于那些不知名的研究者，声名显赫的科学家通常能得到更多的声望，即使他们的成就是相似的。同样地，在同一个项目上，声誉通常给予那些已经出名的研究者，例如，一个奖项几乎总是授予最资深的研究者，即使所有的工作都是一个研究生完成的。'后来，这个术语更多地被经济学界使用，以反映贫者愈贫、富者愈富这样一种分配不公的社会现象。"

"能够举个具体的例子吗？"安妹问。

"可以，我们还是用数字来说明问题。譬如你有一个亿，假如你做最保险的投资，将其存在银行，如果按年息3%计算，那么一年里你也会有300万元利息收入。如果你投入到收益更高的明星基金上面，那么所得还会更高。而如果你靠工薪生活，按现在你的收入计算，一年到头，累死累活，也不超过5万元，而这5万元你还得支付生活中的各种花销，这样一年下来，你的结余会所剩无几。而如果你有300万元利息收入，只要你不乱花，每年节省个一两百万元还是轻轻松松的事，而节省下来的钱你又可用于投资。穷人没有钱投资，只能越过越穷，富人以钱生钱，却会越过越富。这就是生活中的马太效应。"

"那这样很不公平啊，富人不用做事，花销比劳动人民高得多，却会越来越富，而穷人只有劳碌卖命的份，太不公平了。政府不会出台相应的制度来改变这种状态吗？"安妹问。

"制度对每一个人都是公平的，富人之所以有钱，也是他不懈努力的结果。穷人之所以没钱，也是他放任自己消费的结果。前面我跟你说过，如果你从现在开始，每个月存1000元，如果年收益是20%的话，40年后你也是一个亿万富翁。这不是梦想，也不是空中楼阁，而是实实在在的数学计算。但遗憾的是，很多人却并不认可这一理念，一是不相信，不相信一个月投资1000元，40年总共只投入本金48万元，却会变成1个亿。正因为不相信，所以他们也就不会去实践这一理念。二是担心通货膨胀，认为自己节衣缩食，省的这点钱去投资，就算赚到1个亿，但由于通货膨胀，40年后还是一个穷人，还不如现在及时花销，过快活日子。殊不知，通货膨胀再厉害，不会超过10%，而你的财富以20%的速度增长，40年后，你的财富积累早已与通货膨胀拉开很大一段距离了。三是认为不可能，说人人如果都知道这样的理念，都去实践做亿万富翁，那这个社会的财富得膨胀多少倍啊？他们认为这种状态是不可能的。其实，华人巨富李嘉诚年轻时上夜校时，别人就给他讲过这个道理。当时跟他一起上课的有很多人，但只有李嘉诚一个人记住了这个道理并持之以恒地实践，才使他成了华人巨富，而其他人却都湮没于芸芸众生之中了。四是觉得20%的年收益自己没办法达到，他们总是只考虑自己的努力，却没有想到借专业人员的智慧，结果自己想不到年赚20%的方法了。"

"没有老师指点，亿万富翁的想法，我想都不敢想，我还只想成为一个百万富翁，就遭到朋友们的耻笑，这说明这个社会不懂理财的人还大有人在，更没有想到马太效应会令人与人之间的差距变得这么大。"安妹说道。

"是啊，同样起步的两个人，一个人每个月节约一点点，像我说的月存1000元，然后用于投资。另一个人是时尚的'月光族'，每月都花光用光。后者看起来很潇洒，生活很惬意，但随着年龄的增长及家庭负担的加重，'月光族'会越来越感觉到生活的艰辛。而每月存1000元的人，这点钱看起来虽然不多，但日积月累，加上投资得法，二三十年后，马太效应就显现出来了。你是愿意做前一种人还是后一种人呢？"

"我当然愿意做富翁，我希望自己二三十年后，财务自由，躺在床上睡着了钱都还在为我生钱，那样的生活该是多美好啊。所以现在稍微辛苦一点我还能够承受得住，我很想学习你的理财术。"安妹说。

"其实我的这个思想也是来源于美国哈佛大学的一则投资理念。美国哈佛大学学生毕业后，都会将收入的30%用于投资，而且基本上是买基金。所以哈佛大学出来的学生日后都非常富有，这一活生生的事例难道对我们没有一点点启示作用吗？所以我们也要学会存钱、学会投资，只有这样，你才不会成为马太效应的沦落者，而是成为马太效应的受益者。"

"哦，我们的大学就不教这些理财知识。"安妹说。

"其实不光生活中充斥着马太效应，投资中也充斥着马太效应。在股票投资中我们会发现，散户的小资金是敌不过大资金的，因为大资金做庄，他们通过查询股东账户能知道散户的底牌，而散户尽管也可以查询股东账户，但他却不知道哪些账户是庄家的、哪些账户是散户的，自然，在信息源上散户就棋输一着了。而在实际操作中，庄家可以利用资金优势拉升打压，散户只能随波逐流。虽然短期内也有散户跟庄成功的，但长期而言，散户是无法与庄家相比的。所以有多的越多、少的越少这种马太效应，也就是庄家把散户的钱赚到自己口袋里去了。正因为如此，我常常劝散户不要炒股，但真正能听进去的少之又少。散户逆规律行事，自然会输了。"

"那散户要如何做才好呢？"安妹问。

"买基金，其实基金就像一个庄家，他集合大家的资金炒股，又有专业人员的实力，自然是赢面较大了。如果基金经理水平上乘，赚钱更是铁板钉钉的事。用一句通俗的话说就是，'既然我们不能战胜它，我们就加入它，让它成为我们赚钱的助手。'散户只有认清自己的弱点，学会借力使力，才能真正在投资市场中赚到钱。"

"看来这马太效应学问还大着呢！"安妹说。

"当然，马太效应无处不在，我只拣与我们投资有关的内容说说，希望能对你有所帮助。"刘跃说。

"当然啦，你说的这个规律很新鲜，对我来说也很重要，我还要好好地体会。"安妹说。

◇ 编后语

明白了规律，就要想办法去适应规律，要做规律的受益者，而不是它的沦落者。混混沌沌的人很多，稍微努力那么一点点，说不定你就已经超越很多人了。

第五节 专业制胜

> 任何行业都是专业制胜。不靠专业制胜，难道全去比运气？
>
> 问：为什么专业才能制胜？
>
> 答：如同乒乓球比赛，专业的队伍平时有系统的训练，比赛时有成熟的战术，业余队员凭什么去战胜他们？专业运动员要靠这身技艺吃饭的，业余者或许偶尔能获胜，但大部分时候都是惨败。在股市中，你的专业能力是否可以去和机构比拼呢？

"我们接下来讨论下一个问题，专业制胜。其实任何一个行业，都是专业制胜，因为专业人员比非专业人员具有相对的工作优势。专业人员经过专业的学习、专业的训练，如果专业的学习、专业的训练还比不过业余人员，那专业的学习、专业的训练还有什么用呢？所以我们不能忽视专业的学习和训练。事实上，专业人员最终都会战胜非专业人员，虽然在对抗的过程中专业人员也有偶尔失手的，但对于最终的结果而言，那是不重要的。专业人员战胜非专业人员，最典型的就是运动场了。在运动场上，我们什么时候见过非专业人员战胜过专业人员呢？譬如乒乓球、羽毛球、田径、游泳等，都是专业人员最终获胜。当然，这中间也不排除非专业人员由于运气好，偶尔赢过一回专业人员的，但长期而言，非专业人员是无法胜过专业人员的。因为专业人员经过严格的、科学的专业训练，而非专业人员没有经过必要的训练，没有掌握科学的方法，自然在竞争中非专业人员就处于劣势了。"

刘跃清了清嗓子接着说:"我跟你讲这段话不是随便胡扯,而是有深刻含义的。因为证券市场正是专业人员与非专业人员在过招。而专业人员与专业人员的过招,也有水平高低之分。首先说专业人员与非专业人员的过招,其实在证券市场上,散户就是非专业人员,基金经理、证券从业人员等就是专业人员。基金经理、证券从业人员进入市场前,都要经过长期的专业训练,然后在实战中还要跟班学习,这一过程是漫长的。在这一漫长的过程中,专业人员从投资心态、投资技巧、市场研究等方面要多学习,才能摸清投资规律和散户心理,从而有的放矢,将散户的钱当唐僧肉吃。而非专业人员的散户,很多人没有什么投资经验、投资技术,纯粹是看到别人赚钱而杀到市场中来的。有的人经过多年亏损总结经验后,虽然技战术有所提高,但还是不能与专业人员相提并论的,无论是信息、技术还是资本实力,散户与专业人员都不在一个层次上。所以散户要战胜庄家、战胜专业人员,那只是白日做梦。虽然在牛市中由于大盘整体上涨,散户和专业人员都会赚钱,但世界上没有只涨不跌的牛市,一旦股市下跌或震荡,散户就会把利润吐出来。可悲的是,散户往往还认识不到自己的错误,他们往往认为自己亏钱是运气不好,把决策失误归结为自己运气不佳,他们常常想证明自己的正确性,但结果是常常挨市场的耳光。事实上,证券投资是一门很深的学问,它不仅是买和卖这么简单,其间涉及的政治、经济、社会、文化、心理等多学科知识并非一个人所能准确把握的,而且作为新兴学科,它还有许多知识需要人们不断地去探索、去总结。所以即使是专业人员,即使是基金经理,也还需要不断地学习,也还需要依靠团队的研究力量,收集广泛的信息和强有力的专业分析,才能做出相对正确的判断。而这些东西,非散户能力所及,自然,胜败就可以立即判断出来了。所以散户与专业人员斗,最终的结果是血本无归。这一点散户必须要有清醒的认识。"

"我说了这么多散户的弱点,但并不是说散户就无所作为了。散户缺乏相关的投资知识和信息来源,但散户的钱可以由自己做主,如果

"基"不可失——教你实现"1个亿"的小目标

明白了自己的不足，散户可以将钱投入基金公司，通过买基金将自己变成专业人员团队中的一员，利用专业人员的智慧和实力来帮自己赚钱。因为基金公司的实力是明显的：首先是专家理财，专业的操作水平无疑可以降低投资的风险，集合大家的资金投资可以获得规模效益。其次是基金的投资渠道和投资品种相对于散户来说广泛得多，也要安全得多。最后是专业机构的分析研究能力也要远远优于个人。所以把钱交给基金操作，比自己操作省心得多，也要赚得更多。当然，基金公司也有水平高低之分。2015年最赚的基金与最亏的基金收益相差2倍多，如果不幸选中一只亏损的基金，那就只能自认倒霉了。其实，2015年尽管发生了股灾，但仍有742只基金年收益超过20%，有一半以上的混合基金年收益高于20%。而且几乎所有明星基金经理管理的基金收益都超过20%。所以，只要你不是运气太差，而且执着于选明星基金经理管理的基金，你年赚20%是有保证的，这比2015年绝大部分散户亏钱要好得多，何乐而不为呢？"

"是啊，基金比散户赚钱赚得多，又省心省力，为什么大家还要炒股呢？"安妹问。

"就是因为散户看不起基金每年赚十几二十个点的收益，大部分散户认为这点收益，一两个涨停板就赚到了，他们看不起基金每天一两个点的净值增长，殊不知，基金是专家理财，长期而言，基金的业绩增长是稳定的，而且赚钱是有保证的。专业人员与非专业人员的竞争，最终胜出的还是专业人员，这一点我们一定要有清醒的认识。只有认识清楚，我们才能采取正确的投资策略。否则，不知死活地与专业人员竞争，只有死路一条。"

"刘老师，可不可以这样理解，将专业的事交给专业的人去做，我们只要做好自己的专业就行了。在自己专业领域内做强了，我们才能赚更多的钱，然后将赚来的钱交给专业投资人员基金经理，让他帮我们赚钱。这样我们才能更快地实现亿万富翁的目标。"安妹说道。

"可以这么理解。一个人的精力是有限的，与其抛下自己的专业来投资赚钱，不如借专业人员的智慧来帮我们赚钱。因为非专业人员是很难战胜专业人员的。投资不是你努力就会达到意料中的效果的，它必须经过长期的专业训练。与其这样，还不如专注于自己的主业。这才是广大散户应该选择的一种生活方式，也是人生中一个比较适合的选择。将专业的事交给专业的人去做，省心又省力，何乐而不为呢？"

"嗯，我要学会借力使力。"安妹说。

◇ 编后语

每个人的精力都是有限的，你不能期望自己在各个领域都成为专家。当你以一个业余者的身份去涉足新领域时，就一定要找里面最专业的人士来帮你。投资基金，就是散户投资的最佳选择之一。

第六节　顺势而为

> 顺势而为，事半功倍，趋势的力量比你想象的要大。
>
> 问：顺势而为有什么好处？
>
> 答：逆水行舟不进则退的道理大家都懂，那我们为何不去顺水行船呢？市场的大趋势向上，我们顺势而为就省时省力，跟着大家一起赚钱事半功倍，何乐而不为？

"借力使力，还要注意一个问题，顺势而为。"

"什么是顺势而为？"安妹问。

"顺势而为最明显的就是行船了。船顺着水势行走，就会省力得多，也要快得多。如果逆势而行，不仅费力，而且速度也要大打折扣。"

"你这样说我想起来了，我在大学学武术的时候，老师也说过，借力使力，要学会借对方的力，即对方打来的力量太大时，不要硬拼对抗，而是要借对方的力量顺势一带，对方就很容易被打倒。如果硬拼对抗，不仅打不倒对方，而且很容易伤着自己。所以我们在对抗时都很注意顺势而为。"安妹说。

"投资也是这样，也要讲究顺势而为。在证券投资中，虽然每天有大量的买和卖的行为，单个的投资行为看起来是杂乱无章的，使人看不到方向，但许多人的买和卖会形成一种市场趋势：向上或是向下。这种趋势一旦形成，在较长时间内很难改变，并且这种趋势的力量还很强大。所以我们在实践中要善于把握这种趋势，要学会顺势而为，而不是逆势而动，否则就会受到它的惩罚。"

"你说的是买股票吧？买基金也要关注这种趋势？"安妹问。

"当然，买股票是把握个股的趋势，买基金是把握大盘的趋势。股票市场风险巨大，尤其是个股风险，更是无法控制。因为个股容易受庄家控制，特别是小盘股，庄家更容易控盘。一旦庄家控盘，庄家喜欢拉升就拉升，喜欢打压就打压，散户投资者基本上是被庄家玩弄于股掌之上，亏钱是必然的。控盘的庄股，庄家看得到散户的底牌，散户看不到庄家的底牌，这样散户自然就落入下风了。所以我不赞成散户炒股。我认为散户投资者要想投资赚钱，还是得借助明星基金经理这类专家的帮助，才有获胜的把握。当然，有人会说，我在牛市中炒股，在熊市中休息，不是赚足利润了吗？这类投资者也是有的，但非常少。在牛市中炒股，其实也是顺势而为，牛市行情，80%的股票都会涨，所以只要你运气不是太差，买到牛市熊股，你一般都会赚钱。但是，世界上没有只涨不跌的牛市，一旦市场行情发生变化，却很少有散户舍得抛弃股市中的机会，果断出局观望的。结果，散户投资者不仅将牛市中所赚利润赔了进去，而且将本金也赔了进去。"

"熊市中出来，就不会亏钱了。熊市中怎么还有那么多人舍不得出来呢？"安妹问。

"不是舍得不舍得的问题，而是熊市来临时，人们根本没有意识到熊市已来临，反而心存幻想，赚钱的还想多赚一点，亏钱的想把本钱扳回来。结果无论是赚钱的还是亏钱的，都不想出来，自然就被熊市吞没了。当然，市场由涨转跌，也不会告诉你'熊来了，快点走。'而是震荡下跌，每天都给人以希望，结果人们就在观望与等待中错失了出局的机会。等到想出来时，资产已损失大半。此时，有人又会做一回阿Q：'守住不抛，只输时间不输钱。'结果就越套越深，终致局面无法收拾。"

"那做基金如何又能逃得过熊市呢？"安妹问。

"其实不管是做股票还是做基金，只要制定严格的投资纪律，并且按投资纪律投资，都是可以逃过熊市的。譬如股票，就以自己账户的市值为准，如果市值缩水15%，那么不管市场如何走，都要清仓出来观望。并且至少一个月内不入市，等待大盘走势明朗后再决定是否介入。但身处股市的人，又有几个能够做得到呢？而且大盘在牛市尾声时，经常拉阳线，吸引散户入市，又有几个人能经得起诱惑呢？而基金就不同，我做基金也有一条纪律，就是基金净值从最高点下跌10%时，此时什么都不用考虑，直接清仓，换成货币基金。然后无论大盘如何涨，都不入市。因为我入市也有一条纪律，就是在620周均线下全仓介入。如果没有跌到620周均线以下，就绝不满仓买混合型基金。这就保证了我的投资是低买高卖。"

"有没有基金你卖掉后又继续大涨，甚至短期内涨幅翻倍的情况呢？"安妹问。

"这种情况很少。因为我买的基金是明星基金经理管理的基金，他们对大盘的感知度比我敏感，预感到大盘有风险，他们早就降低仓位了。所以大盘跌20%甚至30%，这些明星基金的净值并不一定会跌10%。所以一个中级调整都不一定会赶我下车。只有大盘趋势确实变了，由上涨趋势变成下跌趋势了，明星基金的净值才有可能跌10%以上，此时也就是我们要坚决出局的时候了。此时绝不能心存幻想，跌10%就将出局点放大到15%，跌15%又将出局点放大到20%，那样最终的结果就是坐电梯，上去了又下来。我们要始终记住，我们只做牛市，不做熊市。只有这样，才能保证我们真正赚钱。"

"牛市熊市有什么判断标准？我们如何才能回避掉熊市？"安妹问。

"牛市见顶有很多明显的信号，最直观的就是自己账户资产的增减，当然，还有别的一些明显的信号，这个我们今后还会专门谈到。而底部最直接的信号就是大盘指数跌到620周均线以下。所以以最直观的信号来抄底逃顶，我们就会保住赚到手的利润。我们要始终记住，正确判断好市场趋势，只做牛市，不做熊市，只做'顺水行舟'之事，不做'逆水行舟'之事，这样才能真正获得长期稳定的收益，才能真正走上亿万富翁之路。"

"嗯，你讲的这些我知道了。"安妹说。

◇ 编后语

顺者昌逆者亡，在看准了大趋势的前提下，再去做出自己的选择。要知道，形势总是比人强，站在风口上跟着大趋势，才能飞得更高更好。

第七节　知行合一

> 知道了却不执行，一切都是零。
>
> 问：知行合一有什么意义？
>
> 答：理论不指导实践就是空谈，实践不依靠理论就是瞎干。知行合一将理论与实践相结合，让人告别当局者迷的困境，每一个操作才自如又安心。

"光知道还不行，还要做到知行合一。这才是投资的关键。"刘跃说道。

"如何做到知行合一？"安妹问。

"所谓知行合一，是知道了应该如何做，还要严格按这样的道理来做才行。譬如我前面跟你谈的这些道理，你都知道，但当你把钱投入市场后，由于自己的钱的涨跌跟自己的利益密切相关，你进入市场后就并不一定会按这些道理来做了，尤其是在亏钱的情况下，要割肉更是舍不得了。这就是许多人入市后想的和做的大相径庭的原因。所以知行合一需要非同一般的克制力。"

"有哪些行为是知行不合一的，能不能举两个例子？"安妹问。

"譬如说我们从自己账户市值的减少明明知道熊市要来了，但还是不舍得割肉清仓离场，原因就是怕自己的财富由潜亏变明亏，所以大多数人都是死死抱住高位买进的股票舍不得抛。殊不知，熊市来临，大盘不仅下跌的空间大，而且下跌的时间长。所以很多人在熊市刚开始时都舍不得抛股票，而在大盘跌到基本见底时，却又由于恐惧而在底部割肉离场。这种行为在场外人看起来非常可笑，但事实上，股市里这种事情经常发生。又如为了防范在股市中由于资金的盈亏影响我们的心态，很多投资者都制定了非常明确的投资纪律，并且一而再、再而三地要求自己认真贯彻执行。而一旦进入股市，看到自己资金市值的涨跌，投资者又将原先制定的投资纪律抛到九霄云外去了，从而做出许多非常幼稚的行为。还有，我们买入两只股票，一只涨，一只跌，你认为抛哪个好？很多人认为要抛掉涨的，留下跌的。其实这种观念就是错误的。因为做生意我们都知道，紧俏的、涨价的商品要留在手里多留几天。供过于求跌价的商品我们打折也要抛出去。其实炒股也是一样的道理，股票能涨自然有涨的理由，股票不涨也有不涨的理由，我们要做的不是去探讨其背后涨或跌的理由，而是按照一般的常识卖掉跌的，留住涨的就行了。而事实上股市里的散户往往做反，结果跌的股票很难涨起来，涨的股票却涨到天上去了，令散户投资者常常懊恼不已。所以你要投资，我就要先跟你讲清一些简单的道理，你只有明白这些道理，然后严格地按这些道理去做，你才有希望成为亿万富翁。如果什么道理都不跟你讲，就说你能成为亿万富翁，你至少会说我是吹牛吧。而且亿万富翁的目标太远大，道理没讲清，你首先就没有信心了。当然，明白了这些道理还只是第一步，你还得按这些道理所说的一步一步去实践，去实现你的亿万富翁的梦想。你不能因为股票期货比基金赚得多就放弃了稳定的投资策略，不能因为借钱加杠杆赚快钱就放弃了稳健的操作方法。否则，你永远无法成为亿万富翁。"

"是啊，现实中的诱惑太多了，我现在的投资，都常常因受到各种诱惑而有半途而废的感觉，看来知行合一真的需要特别的毅力。"安妹说。

"知易行难，这是古人常说的一句话。其实这句话在今天也非常适用。所以为了做到知行合一，我们还得制定严格的投资纪律来约束自己的行为，并严格要求自己执行纪律，真正将理论与实践相结合。只有真正做到知行合一，才能促使自己的事业获得成功。当然，投资也不例外。"

"对啊，理论与实践相结合，就是需要用理论来指导实践的。如果实践用不上理论，知与行不合一，那么总结的理论又有什么用呢？要成功，还是需要用理论指导实践的，还是需要按一般人都明白的道理去做。只有这样，我们才能少犯错误，也才能真正实现我亿万富翁的梦想。那么，我们在生活中常常会犯些什么错误呢？"安妹问。

◇ 编后语

知道了很多道理，依旧过不好一生，就是做不到知行合一。想培养知行合一的能力，就从小事开始，严守自己定下的纪律，逐步去努力吧！

第八节　错误理念

> 失败了不去总结，就等着再次犯错吧。
>
> 问：错误理念有什么危害？
>
> 答：盲目投资、借钱炒股，这些已经被证明过的错误理念，常常让人只顾眼前利益，形成根深蒂固的侥幸心理。内心跟着错误理念走，接下来的就是恶性循环了。

"生活中似是而非的错误，说起来有很多。就投资而言，我总结了以下几条：一是凡事亲历亲为，不相信别人。最典型的莫过于大多数人宁愿自己炒股，也不愿意将钱交给基金公司，让基金经理这类专家帮自己赚钱。其实，现代社会分工越来越细，一个人不可能样样精通，所以一个人能够一专多能就已经非常不错了。而广大投资者相对于基金经理来说，就是非专业人员与专业人员之争，谁胜谁负，我们按常识都能想得到。但是，很多人就是不信邪，认为自己比基金经理炒得好。当然，他们也借鉴专家的意见，如看电视股评、报刊股评等。但电视股评、报刊股评等就真的可信吗？世界上没有免费的午餐，不可否认，电视股评、报刊股评也有真知灼见的，但更多的是抱着各种目的来推荐股票的，如果你不加分析地全信，结果自然是血本无归。也就是说，如果大家依靠股评都能赚钱，那谁亏钱呢？毕竟，炒股是一个零和游戏，股市是少数人赚多数人的钱的场所。所以股评不可信，至少不可全信。而不信股评，广大散户信息来源少、资金实力弱、技术分析差，又如何能战胜有团队力量的基金呢？当然，从特定的阶段来说，如牛市，散户是有可能赚得比基金多，但就长期而言，散户是无法比得过基金的。从最近十年来看，无论是股票基金还是债券基金，都是赚钱的，而散户能够赚钱的有几个？为什么？就是因为散户太恋战，结果一个熊市，一个震荡，就将散户牛市中所赚的钱全都让其还回给市场了。事实上，任何事业，要想取得成功，都不是一个人亲历亲为就可以的。譬如汉末天下大乱，很多人打天下都要找谋士，刘备找了诸葛亮，孙权找了周瑜，曹操的谋士就更多了。正因为他们的谋士强，所以才三分天下，而其他军阀都被他们消灭了。元末军阀纷争，朱元璋也是找了刘伯温才平定天下。现代社会，事业的成功更是集体智慧的结晶，无论是办企业还是搞投资，成功者都有一个由各类人才组成的团队。我们所处的时代已经不再是单打独斗的时代，所以要学会找团队，学会借力使力。而基金公司就是一个集合各类投资专家的优秀团队，他们的业绩水平要远好于一般投资者。有人说，基金有做庄、有不把散户的钱当钱看等这样或那样的问题，他们不相信基金。其实这些都是偏见。国家成立基金公司，自然对他们有各种制度约束。而且他们要做大做强，也不可能将衣食父母的投资者的钱拿去随便投资，而是要帮助投资者赚钱。我们可以统计一下从2007年最高点6124点以来的近十年股市参与者，有多少人回了本、赚了钱呢？而这十年基本上所有的基金都是赚了钱的，有的甚至有几倍的盈利。这难道还不能说明问题吗？所以我们投资不能凭感觉，而是要用数据说话。要让真真切切的数据帮助我们改变观念，从而踏上正确的投资轨道，实现资产的持续增长。"

稍微停顿了一下，刘跃接着说："二是借钱投资，想赚快钱。借钱投资有一个形象的投资术语叫作加杠杆，也就是放大资本，如股市中的融资融券、配资等，其实期货、现货等也是放大资本，也属于加杠杆的投资，对于这类投资，我是坚决反对并且从来不做的。"

"基金投资没有加杠杆吧？"安妹问。

"基金投资也有加杠杆的，如分级基金的B类，一般是加两倍杠杆，即基金的投资标的涨1%，对应的分级基金的B类涨2%。别小看两倍杠杆，有时候标的物涨的时候，它会连续涨停，让你买不进。当然，在标的物下跌的时候，它也会连续下跌，让你卖不出。去年股灾，很多B类基金就是连续跌停，直至下折，让投资者损失惨重。所以凡是带杠杆的投资，我都不做。"

"为什么不做呢？不是赚钱赚得更快吗？"安妹问。

"赚钱赚得快是没错，但一个投资，如果只想着赚钱而忽略其中的风险，那最终他将血本无归。就拿期货来说吧，1∶10的杠杆，你赚钱的时候是10倍的盈利，而亏损的时候资产也是以10倍的速度缩水。所以期货老手常常告诫人们，不可满仓，要设好止盈止损位。事实上，设好止盈止损位，期货投资还是很安全的。问题是，期货是以小博大，你设好止盈止损位，有时可能只赚30%甚至40%，而它却涨八倍甚至十多倍，当你遇到几次这样的情况后，你就会抱有侥幸心理，就不会设止盈止损位，结果赚了十次，做错一次，你就会将所有的盈利甚至本金全部交还给市场。现货杠杆更大，如现货黄金常常是1∶100的杠杆，这么大的杠杆，赚起来快，亏起来更快。所以不设止盈止损的杠杆操作，一次失误，就会变得一无所有。对于这类带杠杆的投资，我是不会做的。"

"投资这些带杠杆的投资，我们小心点就是了。不会有大问题吧？"安妹问。

"我跟你说一个我身边活生生的事例。我的一个朋友，也是做投资的，他以前也跟我一样谨慎。2015年初，在证券公司人员的游说下，他1∶1融资3000万元，做到2015年5月底的时候，资产已经达到两个亿。当时我对他说：'拿一个亿出来，以后一辈子都不用为钱发愁了。'他却说：'没问题，1∶1融资，至少要跌50%才到平仓线。'结果股灾来了，在连续跌停及他对政策利好抱有希望的前提下，他的账户到了平仓线，结果在2015年7月8日被平仓，账户只剩下一百多万元了。我的这个朋友炒股还是炒得比较好的，入市20多年，将资产炒到3000万元，很不错了。结果呢？一个带杠杆的投资，就让他一下子回到了新中国成立前。所以后来他对我说：'为什么当时不听你的话取1个亿出来呢？现在回想起来真的觉得不可思议，但当时就是脑子短路了，只想着赚钱，别的什么话也听不进去了。'幸运的是，他还剩下一百多万元，这是他东山再起的资本。有很多人不仅一分不剩，还倒欠证券公司不少钱。因为到平仓线时，股票跌停，根本平不了仓。等到能平仓了，已欠证券公司不少钱了。当然，配资公司的融资户就更不用说了。据初步估计，2015年股灾，至少有30万户百万富翁被打爆，这个教训还不值得吸取吗？投资的风险是难以预测的，当无法预测的风险来临时，你是否有时间等是一个至关重要的问题。像我的那位朋友，如果不融资，他有时间再多等一天，不仅不会爆仓，而且在其后几天内还会大赚特赚，因为后面几天可是千股涨停啊。世界上没有只涨不跌的股市，也没有只跌不涨的股市，而股市的风险是难以预测的，当风险来临时，只要你不为杠杆而被平仓，你都会有翻身的机会。所以投资千万不要加杠杆，而且要永远对加杠杆说'不'。"

"三是难抵诱惑，胡乱投资。胡乱投资主要指不了解投资品种，只是看到其中的高收益就下单投资了。譬如买彩票，有的人只看到别人中500万元头奖就持续不断地买彩票，希望自己也中一个头奖。殊不知，500万元头奖是几百万分之一甚至千万分之一的概率，世上能有几个人中头奖呢？所以买彩票更多的是血本无归，因为不中奖你连本钱都没有了。再如赌博，其实赌博只要了解了其中的原理并且不贪心，赚钱还是有可能的。譬如赌大小，如果以倍数形式连续买一个方向，如果以1、2、4、8、16、32、64……的数额连续买小，就总会对一次，而只要对一次，你就会将前面投入的都赚回来并且还多一个筹码。如果每轮都以赚一个筹码为目的，那么玩赌大小的游戏你就基本上都会赢。但是，在实际赌博中，很多人都嫌这样做麻烦，他们都希望赌一把就赢很多钱，结果自然是血本无归了。又如互联网金融，现在很多网上P2P网站都许以较高的年收益，并且有美好的项目诱惑着你，但结果呢？很多互联网 P2P 都是非法集资，参与者都是血本无归。还有银行储蓄变保险等。所以投资一个项目，我们对这个项目必须要有充分的了解，并且这类项目还要有国家认可。要做到不懂不投，不熟不投，不了解其盈利模式不投。只有这样，才能抵制住高收益的诱惑，保证资金的安全性。"

"四是投资房产，收益稳定。其实房地产只是我国人口红利的一个具体表现，而随着我国计划生育政策的后效应，人口红利正在消失。也就是说，2000 年以来房地产翻数倍的行情已经不会再出现了。事实上，房地产翻数倍的行情做基金也能实现，华夏大盘不是也翻了十多倍吗？而近十年来翻了数倍的基金也有不少。房地产相对于基金来说，还有一个变现的问题。因为不动产的变现困难，手续繁杂，不如基金想抛就抛，想买就买。我们之所以看到房地产价格上涨而没有看到基金上涨，是因为我们根本就不去了解或者忽视了基金的盈利能力。其实，比房地产投资收益更稳定的是股票基金，这一点我们一定要充分认识，并且要努力转变观念，这样才能真正做好投资。"

"嗯，你不说我还真的不了解基金。"安妹说。

"所以要投资，我们必须认真权衡投资的'三性'：安全性、流动性、收益性，只有三者有机地结合，才是好的投资，才是我们需要做的投资。这一点一定要牢记。"

"嗯，我会好好记住的。"安妹点头道。

◇ 编后语

理念总是出错，操作就越来越困难；投资总是出错，收益就会转为亏损；人生总是出错，生活就会变迷茫。总结错误，不断地去避免错误，才能成为赢家。

◇ 第二章

学会攒钱

几天后，安妹与刘跃又见面了。刘跃说："今天我们学第二课：学会攒钱。要理财，你首先要攒钱，因为你只有有了本钱，才会有理财的基础。没有本钱，你用什么去理财？虽然《富爸爸、穷爸爸》一书介绍了空手套白狼的技巧，但这类方法，一般人是学不到的。而且，随着社会的不断进步，这类机会也会少之又少。所以，要理财，你还是得先有本钱。换句话说，你还是得先攒钱。有人说，富翁们的钱都不是攒来的，都是赚来的。攒钱是攒不成富翁的。这句话本身并没有错，但你不知道的是，大部分富翁，他们的起步资金都是攒来的。只有少数人的第一桶金是抓机遇得来的。所以，对于普通老百姓而言，要想迈入富翁之路，你首先就得攒钱。有人说，我不攒钱，因为攒来的钱存在银行，即使银行付利息，收益也赶不上通货膨胀，存钱会导致货币贬值。与其让货币贬值，还不如及时花掉更划算。是的，攒钱会让货币贬值，这句话本身并没有错。但如果不攒钱，你又如何能有投资理财需要的本钱呢？攒钱贬值是暂时的，只有当你拥有了投资的本钱，你用这笔钱去投资赚取更大的收益，这样才能抵消通货膨胀导致的货币贬值，才能真正使你走上亿万富翁之路。所以，要想一生衣食无忧，你首先就要攒钱。只有攒够了投资的本钱，你才有可能成为千万富翁、亿万富翁。"

第一节　树立信心

> 没有信心，什么事也做不成。
>
> 问：怎么建立自信心？
>
> 答：罗马不是一天建成的，信心也需要慢慢积累。先设定一个小目标，运用自己的智慧去完成它。小目标实现之后就有了小成就感，大目标做起来也就更有劲了，信心就这样建立起来了。

"万丈高楼平地起，没有哪幢楼房不是一块块砖码起来的。赚钱也是一样，亿万富翁也是一块钱一块钱地积攒起来的。虽然这其中也有投资赚钱的技巧，但首先是要攒钱。有了本钱，你才有成为亿万富翁的资本。但是，很多人却认为亿万富翁离自己太遥远，他们根本没有去想自己有没有成为亿万富翁的可能。于是，他们有一分花一分，有一元花一元，甚至有借贷消费的行为，认为这样才不枉来世上走一遭。其实年轻时你花光用光看似风光，但年纪大了，你挣钱的能力弱了，身体差了，要养老了，那时候没钱，才真是人生最愁苦的事。况且一个人一生不可能一帆风顺，总有些意外的事发生，当意外的事发生时，你没有钱，那才真是悲剧了。所以无论从哪个角度来说，你都得攒钱。与其少攒点，不如多攒点，要攒就攒成个亿万富翁。想一想，当你成为亿万富翁时，你的生活该是多么美好啊：不用再为赚钱而工作，不用为生活发愁，光资本的利息收入就可以让你到处旅游，走遍全国的美好河山，吃尽想吃的山珍海味，而且每年的利息还有节余，还能将资本进一步滚大。"

"基"不可失——教你实现"1个亿"的小目标

"问题是我们对成为亿万富翁都没有信心。"安妹插话道。

"这就是问题的所在。普通人对成为亿万富翁都没有信心,甚至认为根本不可能,因为亿万富翁这个目标太宏伟了。但是,如果将亿万富翁这个目标分解成若干个小目标呢?譬如以40年为期,如果年收益20%,那么每个月只要存1000元。每个月存1000元,相信你会存得下吧,这点钱只要稍微节约一点就能办得到。因为现在从农村到城市里来打工的农民,一个月收入就一千多元,他们要租房子,还要寄钱回家。而你每个月收入3000元,存下1000元,生活应该比他们好一些吧。如果你有信心成为亿万富翁,那么一个月让你存1000元并不是什么难事,关键是要长期坚持。"

"月存1000元我是做得到,但如何做到年赚20%,这就是一个难事了。"安妹说。

"只要你不贪心,年赚20%并不是什么难事。2015年股市爆发了股灾,很多人的资产灰飞烟灭,但仍有742家基金的年收益超过20%,而我梳理出的明星基金经理管理的混合型基金业绩都超过了20%。我去年躲过了股灾,买基金的收益是翻了倍的。"

"你买了什么基金?"安妹问。

"银河主题策略混合基金。这个基金是由明星基金经理成胜打理的,成立两年多,最高涨了6倍,这个基金我就是跟踪成胜操作的。当然,成胜离职后,加上预测到甲午月要跌,我幸运地在股灾爆发前清空了基金,躲过了一劫。"

"你能够预测到股市的涨跌,当然赚得多了,我们普通老百姓没有你那个能力,又怎么能赚到20%呢?"安妹问。

"我前面说过几个基金,由于他们是明星基金经理在打理,所以你只要有钱就买那些基金,即使你不知道牛熊市,一路长线持有,那么也有可能年赚20%。只是买这些基金要注意一个问题,就是一定要明星基金经理在打理。如果明星基金经理换人了,换的是不熟悉的基金经理,我们也要换基金,至少要先出来观望一下,看一看新换的基金经理投资水平如何。因为买基金其实就是买基金经理，就是买这个基金经理的投资水平。事实上，投资基金也是有风险的，2015年最赚钱的基金赚了170%以上，而最亏钱的基金也亏了40%，所以基金也不是安全的、保险的，基金经理也有水平高低之分。我们要做的就是找高水平的基金经理来帮我们理财。当然，即使是高水平的明星基金经理，在熊市中也会有亏钱的时候，如2008年，绝大多数基金都亏了30%以上。所以如果我们知道牛熊市，只做牛市，不做熊市，即在牛市中买混合型基金，在熊市中换成货币型基金，那么不仅年赚20%，年赚30%甚至50%都有可能，这样我们成为亿万富翁的时间还会大大缩短。我给你的几张表格，就是要你对照着看自己的资产达到了哪一年的目标了。经常拿这几个表格来对照，就会自然而然增强成为亿万富翁的信心，从而坚定不移地向着亿万富翁的目标努力了。"

"听你这么一说，我也充满信心了，我都有点跃跃欲试的感觉了。"安妹说。

"信心是成功的第一步，没有信心，你就有可能半途而废，只有树立强烈的信心并有明确的目标，你才会矢志不渝地向着这个目标努力，你也才会最终实现这个目标。况且成为亿万富翁这个目标并不需要你花太多的精力，你只要负责存钱，然后将钱交给明星基金经理打理就行了。40年你只存了48万元，48万元变成1个亿，明星基金经理为你赚了多少啊？你只要这么想一想，就会认为攒钱变亿万富翁值得了，而且人生应该这么度过。当然，在成为亿万富翁的道路上你不去多花精力，你就更有时间专注于自己的专业，从而在自己的专业上也能做出更好的成绩，而专业出色，你无疑也会挣钱挣得更多，那么成为亿万富翁的时间也会大大缩短。这是一种良性循环，我们就是要追求这样一种良性循环的生活。"

"是的，我认为你这种思路可行。其实，我原来是想通过炒股致富的，想找个炒股专家好好地跟他学技术，成为股市赢家。听你这么一说，炒股我是不敢参与了。而且炒股这个事，我看到不少朋友是亏得多赚得少，每年炒股炒得都没心思工作，更别说钻研自己的专业了。我认为那样做也是很不值得的。但如何安全稳妥地赚钱，我心里真的没底，听你这么一说，我现在不仅是对百万富翁的目标、对亿万富翁的目标都更有信心了。就是不知道你这套方法难不难学。"安妹问。

"不难学。我这套方法，我认为对于任何一个普通人来说都是一学就会的，因为它是借智理财，不是自己亲自去打理。我们只要学会经常统计一下基金经理的业绩，从中找出赚钱厉害的明星基金经理就行了。然后有钱就买明星基金经理打理的基金，不管牛熊也可以。当然，如果能分清牛熊市，那么赚钱会更多，我的牛熊市分析也有很简单的方法。我总结的这些方法，就是针对普通投资者的弱点，为他们量身定做的方法。我相信，今后我的这些方法一定会在普通老百姓中得到普及，也会让更多的老百姓赚一些安稳钱，使他们亿万富翁的梦想成为现实。当然，前提还是他们要攒钱投资。"

◈ 编后语

信心是积累起来的，途中或许会遇到挫折，可只要你真正明白了道理，掌握了方法，目标总会一步步实现的。如果知识不够丰富，信心不够坚定，那自然就难以成功了。

第二节　约束自己

> 约束自己，是投资的必备功课。
> 问：为什么要约束自己？
> 答：每个人都有自己的弱点，贪婪、懒惰、恐惧等负面因素时刻在影响着我们的行为，你不去约束自己，很可能就会被这些弱点所支配。

"攒钱我做得到，就是有时候无法约束自己，譬如看到一件漂亮的衣服，就想取钱出来买，生怕错过了就买不到了。有时我攒钱苦恼的就是约束不好自己。"安妹说。

"约束好自己是一门基本功。连自己都约束不好的人，不要奢望能取得大的成功。世界股神巴菲特在一次游戏中，一起打高尔夫的球友们决定同他打个赌，他们认为巴菲特在三天的户外运动中，一杆进洞的成绩为零。如果他输了，只需要付出十美元，而如果他赢了，就可以获得两万美元。每个人都接受了这个建议，但巴菲特却拒绝了，他说：'如果你不学会在小的事情上约束自己，你在大的事情上也不会受到内心的约束'。正是因为巴菲特按照科学的理念约束自己的投资行为，他才成为世界股神。其实在我们的生活中，有很多诱惑需要我们从内心去约束自己的行为，譬如 P2P 线上理财很火爆，互联网金融也是国家提倡的，收益也很可观，于是大家踊跃参与，殊不知，这其中很多是非法集资，很多项目都是子虚乌有的，结果投资都打了水漂，这就是贪心导致的贫穷后果。"

"基"不可失——教你实现"1个亿"的小目标

"那基金投资安全吗？"安妹问。

"基金投资有很多种，光是投资证券市场的，就有公募、私募，此外还有投资产业的基金等。我讲的基金投资，就是投资公募基金，因为公募基金是国家认可的、提倡的投资方式。公募基金的审批有一套严格的程序，都是有实力的公司才有资格申办公募基金公司的，而且公募基金的资金实行三方托管，基金的操作也受到严格的监管，所以投资公募基金相对而言是安全的。当然，这其中也不排除一些实力不济的基金因规模小、业绩差而清盘。所以买基金我也有一套选基金的标准。相对于公募基金而言，私募基金的安全性就打折扣了。虽然，有的私募基金是公募基金的明星基金经理辞职后创办的，但离开公募后，由于研究团队的缺失、信息来源、业绩排名等问题，很多明星基金经理奔私后业绩都大打折扣，而且私募基金不像公募基金那样每天都可以交易，私募基金一般一年只有一两天开放期，只有在开放期才可以申购赎回。这样，如果遇到2015年那样的股灾，投资者就惨了，每天看到基金净值下跌而无法赎回，那种愁苦是无法形容的。我有一个朋友，以前喜欢买私募基金，认为私募基金收益高，但自从经历2015年股灾后，他就发誓不再买私募基金了。而且他在与我的交流中发现，很多公募基金的业绩要远好于私募基金。他对我说：'我为什么以前要选私募基金呢？虽然是熟人介绍，虽然相信别人的投资能力，但整天提心吊胆生怕私募基金管理人破产跑路，而且业绩也不见得就超过公募基金，我买私募不是脑子进水了吗？'股灾发生后，他就不再投资私募基金了，而是在开放日赎回了所有的基金，转投到公募基金上来了。"

"国家认可的投资也会有风险啊？很多P2P公司的成立不是通过了国家的各种申办手续了吗？"安妹说。

"你的这个担心不无道理，这就牵涉到一个流动性的问题。也就是需要变现时，你能很轻易地变现。如私募基金，变现时需要在开放日才能赎回，而P2P公司的变现也有一定的期限。银行的定期储蓄，变现虽然很容易，但也会有利息的损失。而公募基金每天都能交易，自然变现很容易。当然，变现容易并不是说就没有风险了。当我们预知风险来临时，我们要能约束自己的行为，果断地变现，而不是心存幻想，期望它再升上去。就拿公募基金来说吧，我投资之前就制定了一条出局的纪律，就是在投资的公募基金从近期最高净值跌下来破10%且三天不收回，或累计跌破15%时，无条件走人。这是用纪律约束自己，这样才不会被市场的表象所迷惑，从而做出愚蠢的事情。譬如2015年股灾，如果按照这条纪律约束自己，很多人都会逃过股灾造成的损失，成为投资的赢家。关键是，面对股灾，很多人却没有约束好自己的行为，他们认为跌多了会涨，希望大盘反弹，结果在等待中错过了最好的出局机会，造成了惨重的损失。事实上，在股灾中，只有公募基金能天天交易，私募基金是看着财富天天缩水也无能为力，因为只有开放日才能赎回。所以我们要充分认识到流动性的重要性，制定纪律约束好自己的行为，防止产生大的损失。当然，明白了流动性的重要性，我们也不会被各种诱惑迷失方向，从而做出错误的决策，导致自己的财富受损了。"

"你这样说我就明白了，投资要选流动性好的产品，这样即使有破产跑路的行为，我们也能利用投资纪律首先止损，从而逃过血本无归的情况发生。"安妹说。

"是的，投资是一种高风险的行为，我们要始终绷紧风险这根弦，发现情况不对要首先学会跑出来，这样利用流动性约束自己的行为就显得十分重要了。当然，对于那些看似收益高但却没有成功的盈利模式的投资品种，我们也要约束好自己的行为，不要为高收益诱惑而去盲目投资。我们每投资一个品种，必须对这个品种要有充分的了解，尤其是要了解其盈利模式的可能性，这样才不会被别人把钱骗光。如果不能约束好自己的行为，偏听偏信，你有再多的钱也会全部亏光。"

"是的，e租宝、川金贷、方便贷、中晋系等多起跑路事件让投资者苦不堪言，也让我有所警惕了，幸亏我没有这方面的投资。"安

"基"不可失——教你实现"1个亿"的小目标

妹说。

"不是苦不堪言,而是血本无归。投资这样的公司,连公司盈利模式都没有搞清楚,岂有不亏钱的。事实上,还有一种情况,就是在证券市场,很多人会犯在局外人看来是很低级的错误,这也是约束不好自己的具体表现。为什么会出现这些低级错误呢?因为你的投资,是自己血汗钱增长或亏损所带来的心灵煎熬,这就容易使人丧失理智,做出错误的行为,这是由人性的弱点导致的错误。而要克服人性的弱点,我们就得制定纪律来约束自己。这一点以后你投资了才会真正有体会。我在这里先说明了,好让你有个心理准备。"

"嗯,看来在投资中约束好自己的行为是非常重要的了。"安妹说。

"当然,巴菲特之所以成功,就在于他内心具有强大的约束力,正因为他具有特殊的约束力,才使他在投资的道路上约束好自己的行为,避免了大的错误的发生,从而使他成为世界股神。所以我们要好好地向他学习。"

"学习巴菲特老先生是必需的。"安妹说。

◇ 编后语

生活中到处都有诱惑,随心所欲可以快活一时,却也容易让人迷失。严格约束好自己,才会走得更稳。

第三节 持之以恒

> 不能坚持，谈何成功？
>
> 问：持之以恒会有好的回报吗？
>
> 答：回想以往的投资，很多人就是被其他因素干扰了，没能坚持到最后。如果认定是正确的道路，就一定要持之以恒，尤其是投资基金。

"攒钱还要持之以恒，一以贯之。"刘跃说。

"这句话我深有感受。我们女孩子爱美，有时看到心仪的东西，就有想买的冲动，结果好不容易积攒下来的钱就这样悄悄地流失了。"安妹说。

"这是人之常情。其实很多人攒钱并不是为了实现亿万富翁梦，而是为了改善生活。譬如通过几个月或几年的存钱，有了一笔可观的积蓄了，他就想到要买一台电视机、一台洗衣机等家用电器，甚至有人有购房的打算等，这样，好不容易积攒下来的钱一下子又没了。虽然生活是过得好了一点，但亿万富翁的梦想也只能永远是一个梦想了。其实你只要想一想当你拥有一个亿时，买这些东西真的就只是九牛一毛了。所以为了你的亿万富翁梦，你要一直坚持攒钱并投资。其实，攒钱加投资，赚到一个亿并不难，不就是投资48万元、月存1000元吗？所以，对于每个月存下来的1000元，你就当没有这笔钱，让它们去积累和升值，以钱生钱就行了，不要去管它们了。不到万不得已，绝不动用这笔钱。只有持之以恒地坚持这样的攒钱方法，你才有可能成为亿万富翁。"

"每个月存1000元，我能一辈子做到，但年收益20%，我真的没信心。而且买基金赚得太慢，很多人都对年赚20%持怀疑的态度，结果坚持不下来。现在很多P2P网站，开出的年收益就在20%以上，有的甚至有30%以上，面对这样的诱惑，你说我们怎么能不动心？但又怕受骗上当。好基金的年收益真的能到20%以上？"安妹表示怀疑。

"P2P网站那些高收益，你就不用多考虑了，现在国家GDP年均增长就在7%左右，有哪些企业能够长期维持20%的高增长呢？而且维持20%的高增长的收益能够都给你？天上掉馅饼的好事轮不到咱普通老百姓，我们还是老老实实做投资吧。当然，也许有的P2P平台真的有20%以上的盈利项目，但那都是凤毛麟角，需要我们仔细甄别。我们要充分调查了解这些企业盈利的模式是什么，能不能实现，可不可以复制，只有经过充分的调查研究，确认其盈利模式可行，而且其投资项目真实可靠，我们才可以把钱投进去。现在看来，这样的项目我们很难把握住，还是投资基金更可靠。当然，基金也是新生事物，十多年前我开始炒股，哪有基金？但国家既然允许基金成立，支持用专家智慧帮助老百姓赚钱，并且基金赚钱的业绩实实在在摆在那儿，我们又有什么理由不去相信它呢？所以在没有更好的投资工具出现之前，我们现在最有理由相信的就是明星基金经理管理的基金，它们的年收益能够达到20%以上。当然，这是一个平均数，有的年成不好的话，基金的收益也是达不到20%的，譬如2008年，股指从五千多点跌到1664点才止跌，在这样的年成中不要说赚钱，保住本钱就不错了。所以我们说的20%是个平均数，有好的年成，也有不好的年成。好年成时赚一倍以上也是轻轻松松的，差年成时也有可能亏损，这一点我们一定要有一个正确的认识。"

"好基金也难找吧，如果不幸找到个瘟基怎么办？"安妹问。

"找个好基金并不难，一是在晨星五星级基金里面找，晨星五星级的基金业绩还是比较稳定的。二是自己做统计，每年将业绩前一百名基金的基金经理找出来，做成表格，统计三年到五年，那些收益持续稳定、业绩能够经常进一百名以内的，当然是明星基金经理。如果我们再考虑基金公司的激励机制，就大致可以明白哪些基金公司能够留住人才、业绩持续向好，哪些基金公司因激励机制而导致优秀人才外流，从而自然而然就选出好基金了。目前情况下，你还是听我推荐吧。等你学会了我的方法，你自然就能有自己的判断和选择了。当然，选到了瘟基我们也要果断换，不能让瘟基浪费掉我们赚钱的时间。这里我们主要谈攒钱，就是说无论发生什么事，攒钱的事业不能停。只有持之以恒，咬牙坚持，目标才能最终实现。"

"月存 1000 元，坚持 40 年，这个目标我一定要做到。"安妹说。

"不要这么轻易作承诺。月存 1000 元，三五年内做得到，如果十年二十年呢？而且最近的十年正是只见攒钱不见收益的时候。如果老觉得攒钱不够快，攒不了几个钱，有的人就会丧失信心，结果断了攒钱的念想，自然，亿万富翁的梦想也就只是梦想了。"

"我会像你说的，每月存 1000 元后我就把这笔钱忘掉。就当没这笔钱。"安妹说。

"不是要你忘掉，钱攒起来后还是要投资，否则，哪里会有 20% 的年收益。当然，攒钱也要会攒。有的人喜欢将钱存在银行，其实钱存在银行收益是最低的。如果要寻找安全的攒钱模式，我建议你在网上找两家基金公司，一家是月存 1000 元的，另一家是 1000 元以外多余的钱的存放的。这样，有一家基金公司的钱不到万不得已是绝不取出来的，就让这些钱在基金公司由专家打理，让其慢慢变成百万、千万甚至亿万。另一家基金公司的钱则是备不时之需的。把钱存在基金公司，收益是按货币基金的收益计算的，所以这笔钱无论是收益性、安全性还是流动性，都要好于存银行。"

"刘老师能不能推荐两家基金公司呢？"安妹问。

"你可以在国泰基金和万家基金两家基金公司开户，虽然这两家基金公司的货币基金收益不是最高的，但这两家基金公司都有不错的混合型基金，如国泰基金公司的行业精选（020003）和万家基金公司的万家瑞兴（001518），更重要的是，这两家基金公司货币基金转换成混合型基金，不收手续费，而赎回手续费也仅为0.2%。不像其他基金公司，货币基金转换成混合型基金最少收1折的手续费，而赎回手续费要0.6%。不要小看这点差异，以后你操作就知道了，这一点点差异今后会造成收益的很大差别。当然，这其中的道理今后我在讲基金时会讲到，你现在按我说的在国泰基金公司和万家基金公司注册开户就可以了。"

"开户麻烦吗？"安妹问。

"很简单，比开证券账户简单多了。你只要办理一张开通网银的银行卡，然后在网上找到国泰基金公司的官网，点注册，按照提示一步步操作，注册完成后绑定银行卡就行了。以后有钱就充值，然后在适当的时机进行基金转换，就能实现年赚20%的目标了。当然，你现在的主要任务还是开通基金账户，然后持续不断地往账户里投钱。只要持之以恒，你的目标就一定能够实现。"

◇ 编后语

成功的路上有很多半途而废的人，持之以恒方能到达终点，不要让自己倒在黎明前的黑暗中。

第四节　正确行为

> 不做败家子，也不去做守财奴。
>
> 问：什么才是正确的消费观？
>
> 答：当用不省，当省不用。每天生活都是要花钱的，但是花钱不能毫无节制，攒钱也没必要牺牲生活品质。每个月钱花在了什么地方，要做到心中有数。

"听了你的投资计划，我都想跃跃欲试了。不过，我常常有存不住钱的感觉，每个月工资用到月末，就没剩几个钱了，就盼着下个月早点发工资。如何才能存下钱呢？"安妹问。

"这就牵涉到攒钱的方法问题。一般人攒钱喜欢月末再存，觉得剩多少存多少，这样用起来就没有计划。其实攒钱也有一个先存后花和先花后存的问题。先存后花和先花后存看起来差别不大，实际上会有天壤之别。先花后存，钱宽裕了，就不可避免地会乱花。譬如你带三百元上街，原本不打算买东西的，结果在商场看到这样也好、那样也好，零食、饰品等都各自少买一点，结果300元就不知不觉流失了。事实上，我们很多小钱就是这样不知不觉从手指缝里流失的。所以，我一贯主张，存钱就要先存后花，即工资发下来就先拿出1000元存到一个账户上，并且不到万不得已绝不动用。这样，手头的钱少了，就必然会计划使用，每月的水、电、气、生活必需品等，都要先计划好，还有余钱也要紧着用。如果到下个月发工资前还有余钱，就可以存入另一个基金账户。这样先存后花，就能够每月按计划存下1000元了。"

"基"不可失——教你实现"1个亿"的小目标

"我还感觉经常买到一些不必要用的东西。"安妹说。

"是的,这就涉及一个记账的问题。很多年轻人认为自己没有多少钱,用钱不需要记账。其实这是他对钱不重视。我们看一些名人传记就知道,很多亿万富翁到老了都还保持着记账的习惯,就是因为他们对钱很重视,不乱花钱。亿万富翁虽然不是省出来的,但节省至少是一个方面的因素。所以你要学会记账。其实记账很简单,每天买什么?花了多少钱?记个流水账就行了。记了账就明白自己的钱花在什么地方了。这样一个月后或一年后再来审视这些账目,就能发现哪些钱是该花的、哪些钱是不该花的、哪些东西买了一年都没用过、哪些东西使用起来物超所值,等等,从而让你在今后的岁月中更好地规划钱的使用,让自己的钱发挥出更好的效益。"

"记账这个事我还真没想过,看来今后得好好地记一下流水账了。"安妹说。

"我们还要力戒只攒不花的守财奴行为。赚钱其实就是为了让我们过更好的生活,所以除了亿万富翁的目标需要我们暂时节省一点外,有钱你还是要学会花钱。我看到有些人为了攒钱,省得要死,吃得简简单单,穿得普普通通,恨不得一个钱掰成两个花。结果钱是省下来了,但身体却搞垮了,钱又源源不断地流向了医院。与其这样,为什么不对自己好一点呢?钱是为人服务的,钱多了就是个数字,所以不要为这个数字而纠结,而是要让它来为自己生活质量的提高而服务。所以,在吃的方面,我从来不省,而且多吃健康食品,多吃水果蔬菜,少吃加工过的食品,如饼干、糖果以及所谓的方便食品等。在穿的方面,我不追求太高档,只求干净、体面,有几套换洗衣服就行了。我看到有的女孩子有钱就买衣服,希望穿得好看被别人赞扬,但别人的赞扬也只有一次,为了短暂的心理满足而去浪费金钱,我觉得这是不值得的。我不提倡只攒不花的守财奴行为,但对大手大脚花钱也是不赞成的。我希望你能做到科学、理性的消费,做到当用不省、当省不用就行了。"

"当用不省，当省不用，这八个字概括得太精练了，今后我要时刻提醒自己，按这八个字的方针去用钱。"安妹说。

"当然，用钱是一个方面，以钱生钱又是一个方面。有的人喜欢攒钱，但却只攒不投，害怕投资风险，这也是不对的。投资固然有风险，但风险与收益是不成比例的。我们只要把握高收益低风险的机会就行了。"

"我听说高收益高风险，低收益低风险，怎么还有高收益低风险啊？"安妹问。

"当然，一些专家提出高收益高风险、低收益低风险，是将某一个市场的风险混为一谈，这样就无法区分出其中的机会，让很多人望而却步。举个例子来说吧，证券市场是一个高风险的市场，但高风险并不是时时刻刻存在啊。譬如牛市时，80%的股票都会上涨，此时，你能说是高风险吗？此时就是一个高收益低风险的市场。而大盘转熊时，80%的股票都会下跌，此时的收益和风险关系如何？当然是低收益高风险了。所以我们要学会自己判断，觉得有高收益低风险的机会时，就要抓住这样的机会。我的投资原则是，只做牛市、不做熊市，牛市时，我就将货币基金转换成股票基金，直到大盘顶点出现时，再将股票基金转换成货币基金。熊市时，我就持有货币基金不动，绝不为市场短暂的反弹而被诱惑进场。你如果像我这样，约束好自己的行为，只做牛市、不做熊市，那么一年不要说赚20%，赚30%甚至50%都有可能。只是有些散户赚钱时，别人的忠言听不进去，舍不得出来。亏钱时，别人的逆耳之言也听不进去，信奉'守住不抛，只输时间不输钱。'结果自然是越守越亏。所以我说投资理念非常重要，没有正确的投资理念，你就是只输不赢。"

"我听你的，你说出就出，你说进就进。"安妹说。

"不是只听我的，我跟你说的这些东西就是希望你能通过学习，形成自己独立的判断，今后没有我的帮助你也能正确操作。当然，现在你还得跟我一段时间，边学习边操作，并从中体会正确的理念，以免

"基"不可失——教你实现"1个亿"的小目标

今后犯同类的错误。"

"嗯,你讲的这些东西我会牢记并时时提醒自己,促使自己形成正确的行为习惯,避免错误的发生。"安妹说。

"对,正确的行为形成习惯后,就能自然而然地避免错误了。"刘跃说。

◇ 编后语

好钢用在刀刃上,消费做好了计划和记录,心中便会明明白白。养成了好的消费习惯,才会有余力去投资。

第五节 开源节流

> 财富绝不会凭空而来。
>
> 问：怎么做到开源节流？
>
> 答：把自己的专业做到极致，越专业的人会有越多的财富。拓展爱好中的经济属性，不断地提高自己增加收入的概率。

"刘老师，你前面讲了专业制胜，那我们投资不专业，我们在日常生活中应该如何做呢？"安妹问。

"我前面讲了，专业的事交给专业的人去做。我们的投资可以借智理财，即将生活中攒到的钱交给基金经理去打理就行了，关键是这个基金经理要选好。我前面不是选了两个吗：杨飞和莫海波。现在暂时以他们两个操作的基金为准，我们则主要在生活中利用自己的专业开源节流，把本钱做大。"

"如何开源节流？"安妹问。

"节流我前面已经讲过，即当用不省，当省不用。每个月工资发下来后，先存1000元，并买成货币基金。然后将剩下的钱有计划地花，并做好记账。每个月对自己的账本还要审阅一遍，看哪些是该花的，哪些是不必要花的，从而防范以后再犯类似的错误。长此以往，就能形成良好的消费习惯，钱财自然能节省下来。这里我重点还要说一下开源，就是在源头上提高收入。在源头上提高收入的门路有两点，一是做大做强自己的专业。现代社会，分工越来越细，一个人不可能样样都精通，所以，现代社会的人要学会借力使力，譬如投资，我们就

"基"不可失——教你实现"1个亿"的小目标

可以借助明星基金经理的智慧,而将自己的主要精力集中于自己的专业上,在自己的专业上精益求精。只有将自己的专业做到顶尖水平,才能获得他人的认可,从而进一步增加收入。所谓简单到极致就是绝招。说到这里,我想起一个故事:民国年间,河北沧州有一个叫杠五的小伙子,跟着一个武艺高强的林武师学武。杠五虽力大无穷,但却很愚笨,跟着师傅学了三年,也没有学会一招半式。林武师恨铁不成钢,就劝杠五回家。临别之时,杠五向师傅行完礼后说:'师傅,弟子不才,学了三年,什么也没有学会,您能不能最后教弟子一招,弟子日后回家后也好天天练习。'林武师不好拒绝,就在院中捡了根木棍,随意在地上画了个圈,并轻轻地点了一下圈的中心,说道:'唉,回去吧。'杠五以为这是师傅最后教自己的一个绝招,于是深深地鞠了一躬:'谢谢师傅指点,弟子告辞了。'回家以后,杠五就叫人打了一根重达百斤的大铁棒,然后每天清晨即起,挥舞着铁棒,按照师傅临别时教的那一招,将铁棒画一个圈,随即向前一递,大吼一声:'嘿,去吧!'如此三年,每天勤练不辍。这一天,一位外国大力士来沧州设下擂台,扬言要打遍中国所有的武林高手,这一下惹恼了中国的武师们,于是纷纷前往攻擂,但外国大力士力大无比,而且武功高强,擂台摆了一个月,包括林武师在内的数十位武林高手上台攻擂,死的死,伤的伤,全都败在外国大力士手下。杠五听说师傅受了伤,很是气愤,于是从乡下赶到城里,在众人的簇拥下来到擂台,也不多话,提着铁棒就要和外国大力士交战。外国大力士一看他呆头呆脑的样子,不由得哈哈大笑,操起两柄钢锤就直奔杠五。杠五不紧不慢,将铁棒抡起,对着大力士画了一个圈,将大力士进攻的钢锤搪开,紧接着将铁棒往大力士胸前一送,嘴里大吼一声:'嘿,去吧!'只听'嘭'的一声,外国大力士直飞出去,跌落擂台,口吐鲜血,站立不起。擂台下顿时欢声雷动。事后,杠五拜见师傅,林武师问他武功是从哪儿学来的,杠五说明原委,林武师又喜又愧,对众弟子说:'从今往后,你们要记住,把最简单的动作练到极致,就是最高的武功。'其实不光是武功,我们的专业也是一样，只有将自己的专业学到极致，钻研到极致，就是最高深的学问。这样，遇到本专业的问题，人们就都会来向你求教，请你援手。当然，现代社会是一个利益交换的社会，你做一回雷锋可以，但长期做雷锋，就算你自己愿意，别人也不好意思。这样，你只要出手帮忙，自然会有回报，自然会有收入，这不就等于增加了你的收入了吗？增加了收入，也相当于就是开源了。当然，除了专业开源以外，不是自己的专业，但自己在某一行业比较擅长，也是可以开源的，譬如工作之外的兼职等。还有，有的人有收藏的爱好，平时喜欢收藏一些东西，如实寄封、硬币、各种磁卡以及在乡下收购的一些老旧物品等，这样放一段时间就可以拿到收藏市场去交换和出售了。不要小看这些平时不值钱的东西，随着时间的推移，由于物以稀为贵的原因，很多东西会很值钱。譬如现在贴了邮票盖了戳的实寄封，随着科技的发达、快递的普及，将会逐步退出人们的视线，也许十年二十年后，这些东西也会物以稀为贵了，可能比全新的、没用过的邮票更值钱。所以现在收集这些随处可见的不值钱的东西，也许将来就是一笔财富。当然，你得有预见性、你得有眼光。"

"哇，我们办公室的公函，我都是拆开后信封就随手扔到垃圾箱了，没想到还是一笔财富啊。今后我要注意收集了。"安妹说。

"不光是信封，你平时有空的时候可以到收藏市场去逛逛，看别人交易的都是些什么东西，然后在自己的生活中注意收集就行了。反正你也不当一个收藏家，所以只要有用就收集，然后在适当的时候拿到收藏市场去变现就行了。这些东西收集起来并不难，就是要有心。"刘跃说。

"嗯，以后我会更加留心的，尽可能地做好开源的工作。"安妹说。

"开源的工作除了兼职和收藏外，还有许多工作可以做，譬如网络上有专门的征求主意的网站，那些工作都是有报酬的，如果有适合你做的事，也会增加你的收入。还有各种征文、征名等，你都可以去尝

"基"不可失——教你实现"1个亿"的小目标

试。总之,只要留心,生活中处处是财路。这比闲暇时打牌、玩麻将好多了。做这些工作,既锻炼大脑,又有成就感,何乐而不为呢?有人认为,这些工作是将自己的知识廉价出售,很不划算。事实上,将自己的这些知识、智慧贮藏在大脑中不出售,不是更大的浪费吗?而且知识的价值是与名气成正比的,你只有不断地出售你的智慧,在朋友圈中的名气才会越来越大,请的人才会越来越多,你的收入自然会水涨船高了。所以,勿以善小而不为。只有多帮助别人,多为别人排忧解难,你的生财渠道才会越来越多。"

"嗯,我要努力做好开源节流的工作,提高投资的本金,这样才能让我更快地成为亿万富翁。"安妹说。

◇ 编后语

知识就是力量,专业和爱好都可以成为致富的法宝。偶尔下的一步闲棋,说不定也会有意外收获。

第六节 提高收益

> 聪明人都在用钱生钱。
>
> 问：哪些投资项目可以提高收益？
>
> 答：股票当然收益高，可风险也很大。在相对安全的前提下，收益的排名为：银行存款＜债券＜信托投资＜基金。基金也分很多类，不同时期要选择不同类型的基金。

"开源节流是一个方面，但我们省钱的最终目的还是要以钱生钱，实现亿万富翁的梦想。所以，在省钱的同时我们还需要提高资金的投资收益。在提高资金的投资收益方面，大部分人喜欢将钱存在银行，以博取银行的那一点点利息。他们认为这样做既有利息收入，资金又安全。其实这样做短期来看是很安全的，因为资金是看着增长的。但长期来看是最不安全的，因为通货膨胀会吞噬我们的财富。譬如一年期定存的年利率是2.5%，但通货膨胀率是3%，那么表面上看钱是增长了，实际上通货膨胀吞掉了我们0.5%的收益。不要小看这点差别，长期而言，这个差距是巨大的，这就是复利的魅力。为什么月存1000元，年收益20%，40年就能达到一个亿呢？这也是复利的魅力。月存1000元，40年你只存了48万元，48万元变成了一个亿，很多人都认为这是不可想象的，但事实就是如此。所以我们要充分认识到复利的重要性，尽可能提高投资的收益。"

"有哪些提高收益的方法？"安妹问。

"在存钱方面，提高收益的方法有很多。从安全性上讲，比存银行

"基"不可失——教你实现"1个亿"的小目标

的安全方法也有几种。譬如投资债券，债券有国券和企业债，国债的收益一般高于同期银行存款利率，但由于国债是分期发行，有时间和数量限制，所以不少人觉得国债难买、买不到。事实上，除了在银行买凭证式国债外，在交易所还有记账式国债。记账式国债每周五天在交易所交易，有时收益比凭证式国债还要高，但我想不通为什么那么多人宁愿排队买凭证式国债也不愿去交易所买记账式国债？除国债外，企业债也是一个不错的选择。虽然有些企业债会有到期无法兑付的风险，但网上交易的企业债信用等级基本上是在3A以上，不可能出现到期无法兑付的情况。而也正因为企业债有到期无法兑付的风险，所以企业债的收益都要远高于国债。我们在交易所投资企业债，收益也是很不错的，也很安全。只要持有到期，预期的收益率都可以实现，所以债券交易市场值得引起我们重视。事实上，有些货币基金就持有企业债，以提高货币基金的投资收益。当然，投资企业债也有一定的问题，即需要提前用钱时可能会产生亏损，因为交易所债券都是按挂牌价格成交的，如果你急需用钱而挂牌价格又比你进价低，你就有可能亏损。不过持有到期就不存在亏损的问题。所以，债券投资只能用平时不用的闲钱，这些钱要能够持有到期兑付，这样收益才会不错。也就是说，债券投资的流动性要差一点。这和银行存款一样，提前支取只能按活期计息，会损失利息。债券投资则更进一步，投资不当有可能会损失到本金。这一点必须要注意。"

"比债券投资收益高的安全品种还有什么？"安妹问。

"还有信托投资。信托投资从理论上讲还是有一定的风险的，因为有的信托产品也可能到期无法兑付。但由财政部门发行的、政府担保的信托产品基本上没有任何风险。譬如省财政厅发行的重大项目建设信托产品或市财政局发行的用于城市建设的信托产品，由于政府担保，就基本上没有风险，而且利率很高，基本上是同期银行利率的两三倍。其不足是到期才能兑付，不能提前支取。当然，实在要用钱也可用于抵押贷款。以上几款产品的缺点主要是流动性欠佳。所以我基本上不投资。我最看好的是货币基金，因为它首先是收益性要高于同期银行定存，有时甚至超过同期国债。其次是从流动性上看，要用钱随时可以支取，不用时每天都有收益，虽然收益不高。最后是从安全性上看，它可与国债和银行定存相媲美。而最关键的是，当我们判断市场环境转好或证券市场处于底部时，可以迅速将其转换成股票基金，获取超额收益，这种收益很可能每年超过20%。"

"货币基金好是好，就是不知什么时候转换成股票基金。如果一年都不转换，很可能就低于企业债和信托产品了。"安妹说。

"是的，很多人不知道什么时候转换成股票基金。不过，如果你能忍受一时的风险，做到长期投资，并且有钱就投资，那么你可以选一个好的基金，譬如国泰基金公司杨飞管理的基金，并且有钱就买，那么中长期看，年收益10%以上是有保证的，20%以上也是有可能的。关键是要选中好基金，这个好基金的标准就是明星基金经理管理的基金，而且要是明星基金单独管理的基金。如果一个基金有明星基金经理，还有不知名的基金管理人，这样的基金我是不投的，也许这个基金只是借明星基金经理的名，实际上是由不知名的基金管理人来操作的，那样业绩就难有保证了。这一点一定要注意。当然，我还是希望你学会我的判断牛熊市的方法，只做牛市，以保证年收益达到20%以上，实现亿万富翁的梦想。"

"我当然希望实现亿万富翁梦想啦，所以对于你说的方法迫不及待地想了解。"安妹说。

"你的心情我理解，但还是要先打好基础，形成正确的理念。只有理念正确，才不会出现失误，也才能保证自己的资产持续稳定地增长。譬如现在的互联网金融、P2P网贷，收益是很高的，一般都在20%以上，高的甚至有30%多。很多人就是冲着这些产品的高收益去投资的。但是，他们却忘了，投资除了收益性外，还有安全性和流动性。这些产品安全吗？他们的收益从哪儿来？他们的盈利模式是什么？我要收回投资，能不能想收回时就收回？这些问题他们就不去考虑了。

"基"不可失——教你实现"1个亿"的小目标

结果,很多人的投资打了水漂,有的甚至是一辈子的储蓄灰飞烟灭。划算吗?我的投资,一个重要的方面就是想收回投资时就能随时收回,譬如开放式基金,随时能够赎回,这样就能有效地防范可能的风险,也就是流动性要好。只有流动性好的产品,才能谈得上安全。投资不要只想着赚大钱,安全性才是第一位的。只有本金安全,你的财富才能不断积累、不断增长。所以,我们要时刻提醒自己,不要犯错误,以免血本无归。"

◈ 编后语

钱生钱就像是滚雪球,可以让你的财富积累得更快。但一定要记住安全第一,血本无归的时候再后悔就来不及了。

第七节 力避错误

> 你不理财,财不理你。
>
> 问:有哪些常见错误需要避免?
>
> 答:以小博大,希望一夜暴富;难抵诱惑,最终半途而废;无财可理,选择随遇而安。这三个错误,是最容易出现的。

"在攒钱的过程中会有哪些容易出现的错误呢?"安妹问。

"第一个容易犯的错误就是以小博大,希望一夜暴富。有的人认为一个亿的目标太远大,担心自己无法实现这样的目标,于是就想投机取巧,以小博大,如买彩票、赌博等。有的人觉得40年时间太长,就算赚到了,也享受不了多长时间了,于是也不想慢慢赚钱积累,而是想一夜暴富。当然,我不否认,买彩票也可能一夜暴富,如中到头奖。但是,不知你想过没有,多少人才能中一个头奖啊?买的永远没有卖的精,一个500万元的头奖,需要多少人来投资啊。以两元一注为例,500万元如果全部变成奖金,需要250万注才能中一个头奖。也就是说你中奖的概率是250万分之一。这还只是理想中的,是全部买彩票的钱都变成头奖的资金实现的。事实上,彩票除了头奖,还有二等奖、三等奖、四等奖等,彩票的收入还有部分用于其他用途,如体彩用于发展体育事业,福彩用于慈善事业等。乐观点,如果彩票收入有四分之一用于返奖,那么你中一个头奖的概率是千万分之一。也就是买一千万注才有可能中一注,这种概率是不是太难了呢?有的报道说,有人十年二十年不间断地买,终于中了头奖,那只是一种宣传。更多的

"基"不可失——教你实现"1个亿"的小目标

是有人买了一辈子,没有中过头奖。中到些小奖,也被拿去继续买彩票,早就打了水漂了。而且买彩票是无法计算投入产出的。中了奖,你就有产出。没中奖,你就是血本无归,而且血本无归的概率要大得多。所以我一般不买彩票,有时买点彩票,也是抱着做慈善的心理去买的,并不是为了中奖。与此类似的是赌博,也是一种以小博大的行为。赌博能赚钱吗?能赚。如果没有出老千,赌博其实也是一个数学问题,如果我们明白赌博的原理,要赚钱也是不难的。但有人即使明白了其中的原理,也不会照着其中的原理去做,因为他们觉得这样赚钱太慢了,他们需要一夜暴富,需要玩一把就赚大的。结果不仅没有赚大的,反而将自己的本钱都赔了进去。所以以小博大的游戏千万不能玩,这样的游戏就算你赢十次,只要输一次,就会将所有赚来的钱全输进去。其实期货就是这样一种以小博大的游戏,千万不能玩。为什么不能玩?因为人的欲望是无穷无尽的,赢了还想再赢,输了又想扳本,结果不将手中的钱输完,他是不会收手的。所以玩以小博大游戏的,最终都是倾家荡产。"

"在攒钱过程中容易犯的第二个错误是难抵诱惑,半途而废。我发现,不少人听了我的亿万富翁计划后,也说要当亿万富翁的,开始他们也是雄心勃勃,但坚持一段时间后,他们却半途而废了,为什么?因为这个世界的诱惑太多了。随着科学技术的发达,新产品、新成果层出不穷,譬如汽车,以前是重要奢侈品,但随着科学技术的发达,现在几万元也能买辆汽车了,于是有的人在面子观念的影响下开始追求起生活品位来,存下来的钱要先买辆汽车玩玩,说是能扩大社交半径,能更好地赚钱。结果汽车买回来了,不仅不能更好地赚钱,而且还要烧钱,因为汽车是要钱养的。而要他改变生活观念,放弃汽车这种奢侈品,他却再也做不到了。结果亿万富翁计划自然夭折了。事实上,男人追求汽车、新奇的电动玩具,女人追求包包、化妆品、服饰本是无可厚非的,但在什么阶段去追求却是有讲究的。当你的财富还不丰裕时,你的主要精力还是要以财富的积累为主。只有当你的财富达到一定水平,用财富的孳息能满足你这些爱好时,你才能花钱消费在自己的这些爱好上。不过,现代科技也太发达了,很多东西确实让人爱不释手,尤其是网购流行后,新产品、新成果更是吸引了大批年轻人。所以很多网购的年轻人发现自己的财富在悄然流失后,虽然一再发誓:'再买就剁掉自己的手!'但结果还是抵挡不住精美产品的诱惑。"

"是啊,我身边不少人都说,再网购就剁手,不成想自己却成了千手观音。看来,要时刻提醒自己远离网购、远离诱惑啊。"安妹说。

"一个人一生不可能做好很多事,所以你只要树立一个目标,然后持之以恒地朝着这个目标努力,心无旁骛,就一定会有大成就的。要想成为亿万富翁,就一定不能因诱惑而半途而废,只要你长期坚持,不用四十年,也许十年二十年就能看出效果了,至少会显示出初步效果。"

"好的,我一定坚定信心,不达目的绝不罢休。"安妹说。

"在攒钱过程中容易犯的第三个错误是无财可理,随遇而安。尤其是新新人类,奉行的是吃光用光,身体健康。他们对新事物接受得快,也奉行及时行乐的理念,他们的薪水几乎是'月光',一到月底发工资前就囊中羞涩了。年轻人及时行乐这本无可厚非,但人无远虑,必有近忧。人生不如意事十有八九,一个人的一生不可能一帆风顺。这样,当有意外发生需要用钱时,你没有积蓄,到哪儿去找钱?找人借吗?现在的资金都是有时间效益的,一般人哪里愿意借呢?即使愿意借,别人也要考虑你的消费水平和还钱能力,而且往往有好朋友因借钱成仇的。所以我不赞成向别人借钱,也不赞成借钱给别人。我自己就有亲身体会,年轻时借钱给别人,结果别人一拖数年不还,问他要时,他不但不还,还说:'又不是不还你,又不是还不起,至于这么急吗?'结果好朋友也反目成仇了。所以年轻人千万不要有无财可理的心理,而是要学会攒钱,攒钱不光是应急,也是为将来退休打基础。"

"是啊,我身边的同事都是月光族,他们说这点工资,混饭吃都不

"基"不可失——教你实现"1个亿"的小目标

够,还如何理财?其实真要省钱,还是能省得下来的。今天听了你的一席话,看来省钱还是必要的。省下来的钱不仅能应急,而且用于投资,才能创造更美好的生活。"安妹说。

◇ 编后语

有的人等着买彩票中大奖,有的人存钱只为了换最新的汽车,有的人干脆就是吃光用光。这样的投资理念,恐怕是难以实现亿万富翁的梦想了。

第八节　避免攀比

> 人比人，气死人，那就别去和人攀比了呗。
> 问：怎么改变爱攀比的心态？
> 答：当今社会，大环境就是喜欢去比较。你需要改变自身的观念，真正地认识到什么是自己需要的生活，什么是高质量的生活，活出自我，就不会去和别人攀比了。

"要省钱，你就得过朴素的生活，就要忍受别人异样的眼光。"刘跃说。

"为什么呢？我过我的生活，关别人什么事呢？"安妹问。

"因为我们不是活在真空中，我们是活在这个社会里，这个社会就是笑贫不笑娼。如果你生活节省一点，就会被别人看不起，就会被别人当成守财奴，所以很多时候，人们都是打肿脸充胖子，买衣服要买名牌，鞋子、包包要用名牌，而对别人看不见的饮食方面却节省得过了头。结果外表看起来光鲜，但身体素质却下降了。其实这种畸形的消费方式只在穷人间流行，富人之间是不存在这种现象的。我认识一个身家近百亿的富翁，他平时的全身行头不过百元，脚上经常穿的是十几元的北京布鞋，上身穿的是纯棉的文化衫，下身穿条普通的牛仔裤或服装公司打折的休闲裤。走到大街上，谁能知道他是亿万富翁呢？他没有自己的汽车，平时出门不是打的就是坐公交，距离短他就走路。虽然对穿着不讲究，但对吃的东西他却很讲究，但也不是越贵越好。在吃的方面他奉行当时当地当季原则，认为一方水土养一方人。他在近郊农村租了一块地，请人种了各种当季的蔬菜，也栽了一些果树，这些蔬菜和水果都是不打农药的。种菜的农户每天将新鲜蔬菜送到他家，尽管比市场价贵，但他吃着放心。他现在的目标就是健康第一，其他什么都是浮云。除了吃以外，他也舍得花钱锻炼，请了个健身教练加保健医生，每天指导他锻炼身体。我举这个身边的例子就是想说明，穷人与富人的思维不同，面子观念也不同。穷人喜欢攀比，富人则喜欢返璞归真，注重身体健康。"

"身体健康当然重要，因为身体是1，其他是0，没有这个1，多少0都没有意义了。但是，穿得太寒酸了确实也会被人笑话。所以穷人都喜欢用行头包装自己，结果自己的财富就这样流进了富人的口袋里了。"安妹说。

"当然啦，富人深谙穷人的心理，所以名牌服饰都是暴利，而穷人为了在别人面前表现自己有能力、赚钱多，都是打肿脸买这些奢侈品，在这样的攀比心理下，财富不仅没有均衡，反而劫贫济富了。所以要想富，就要学习富人的思维，学习富人的行为，避免攀比行为，节省金钱用于投资，让投资专家帮我们致富。"

"如何避免攀比呢？"安妹问。

"避免攀比首先要转变观念，要活出真实的自我，而不要在别人的眼光下生活。这一点说起来容易，做起来就难了。因为人们还是喜欢别人的赞扬，譬如穿一件漂亮的衣服，别人就会赞扬一下。但别人的赞扬也是有限的，不会因为你穿了这件漂亮的衣服就多次赞扬你。这样，为了别人的一句赞扬，就花掉半个月甚至一个月工资，划算吗？有的人认为年轻时要打扮漂亮一点，认为青春短暂，过去了就不会再回来了。但打扮漂亮不一定要靠行头啊，内在的美也很重要啊。多读书充实自己，多赚钱丰富自己，内心强大了，气场自然强大，气质也就出来了。如果把目光再放远一点，别人花钱你存钱，时间一久，差别就出来了，你钱多可以更好地打扮自己，别人钱少可选择的行头就更少，打扮也受到了经济条件的限制，多年后，最终的胜者就是你，别人只有羡慕忌妒恨，那时再来攀比，谁强谁弱，自然一下子就分辨出来了。也许到那时，不需要攀比，差别就很明显了。再说了，人活得好不好，自己是最清楚的，我们只要自己过得舒心就行了，何必在意别人的眼光呢？永远活在别人的眼光下，丧失自我，你也不会有大的成就的。所以避免攀比第二点就是过好自己的生活，简单为要。古人说得好：'入奢易，入简难。'人要是过惯了奢侈的生活，要他再回到简朴的生活中，已经是千难万难了。而简朴中偶尔奢侈一回，却很容易做到。所以很多人富了以后都还保持着简朴的生活习惯。而那些打肿脸充胖子、故作奢华生活的人，却很难致富。要他们回归简朴的生活也是不可能的了，因为他们丢不起这个面子。所以，如果你想致富，你就不能崇尚奢华，而是要坚持简朴的生活，只要觉得自己过得好就行了。当然，简朴中不能忽视了健康，回归自然、注重健康才是我们追求的生活方式。自然，这种生活方式也能促使你致富。避免攀比的第三点是不跟别人比，只跟自己比。比什么？比财富的增长、比生活水平的提高。当你看到自己的财富一年年增长，看着自己的生活芝麻开花节节高时，你是否有一种成就感呢？如果你不跟自己比，而是喜欢跟别人比，那么强中自有强中手，而且每个人的基础不同、生活环境不同、收入不同，这些都是不具有可比性的。你硬要比，只会越比越丧气，你成为亿万富翁的信心也丧失了，何苦呢？所以我们要避免跟别人攀比。只有不去攀比，自己一门心思按着自己设想的道路去走，你才能最终达到目标，到达成功的彼岸。"

"是的，人比人，气死人。今后我也要避免与别人攀比，只自己跟自己比，增强成为亿万富翁的信心，然后一步一个脚印去实现目标。"安妹说。

"今天就说到这里，回去后你到网上找到国泰基金管理有限公司或万家基金管理有限公司的官网，然后在网上注册，按提示一步步操作，再绑定一张可以上网的银行卡，然后充值进去就行了。充值的钱是按货币基金的收益计算的，你充了值就算正式进入科学的理财方式了。"

"基"不可失——教你实现"1个亿"的小目标

"好的,我回家就马上办,办好后再向你请教。"安妹说道。

◆ 编后语

不管怎么去比,总会有比你强的人,也总会有不如你的人。与其把时间花在攀比上,不如去做一些有意义的事。

◇ 第三章

如何理财

几天后，安妹再次拜访刘跃："刘老师，我按你说的在国泰基金公司开了户、充了值了。"

"你是不是从充值的第三天开始就看到投资的收益了。虽然是未付收益，但每天这个未付收益都是增长的，而且年化收益比一年期银行定存还要高。"

"是的，这样操作真方便，我原来还以为挺麻烦的，结果操作了几次后才感觉到这样操作比银行存定存要排队方便多了，收益也高多了。"安妹说。

"是的，你是正式进入理财生活了。如何理财？很多人都觉得挺容易，不就是把钱存到银行，银行再给些利息就行了。精明点的，会算利息，会找机会买国债。不过无论是存银行还是买国债，都算不上真正的理财。因为这样的理财方式是跑不过通货膨胀的。如果这样理财，他的购买力只会越来越低。当然，有的人会注重收益率，他会买P2P产品甚至民间借贷等，这样做虽然收益很高，但风险也很大，如果借贷者跑路，借出去的钱就会血本无归。所以理财不能只看收益率，还要考虑安全性、流动性等，这是第一课我们就讲过的。只有在安全的前提下追求高收益，才是正确的理财方式。所以这堂课我们讲如何理财。我将我所理解的理财方式讲出来，供你参考，有不明白或者你觉得有自己的看法的,我们可以互相探讨。"

"我还是听老师的,不懂就问。现在谈自己的看法我觉得自己还很肤浅。毕竟我的经历比你差远了。"

"三人行必有我师焉,也许你的提问对我会有启发呢?所以不要妄自菲薄,年轻人想法多、思想敏锐,这样可以很好地补充我的不足,也许会让我的理财思想更加完善呢。"刘跃说道。

"好的,有什么想法我就直接提出来。现在请老师先说吧。"安妹说。

第一节　选准渠道

> 选择符合自己特点的渠道至关重要。
> 问：普通人应该选择什么投资渠道？
> 答：抛掉高风险的股票、期货、现货，减少银行存款、国债这些收益低的投入。明星基金经理管理的混合基金，是普通大众较好的选择之一。

"好的，我先说说理财的渠道。理财的渠道也可以说是我们买什么投资品种的问题。当然，从安全性上考虑，银行存款、国债、货币基金比较安全。从收益性上考虑，股票、期货、现货等有可能产生暴利，但风险也较大。银行存款、国债我前面说过，它们收益太低，不是我们考虑的对象。我们的目标至少要是年收益20%以上的品种。其实，比银行存款、国债安全且收益高的混合基金我可以推荐一个：汇添富达欣混合基金A，这个基金专门做打新基金。我们知道，现在新股上市都是翻倍甚至翻几倍的涨幅，所以做打新基金基本上也是没有风险的。我测算过，这个基金不考虑二级市场波动，一般每个月净值有一个点左右的增长。也就是说，全年净值增长会在12%左右。就算打个折，一年10%左右的收益应该还是有的。所以，与其把钱存在银行，不如直接买这个基金划算。其实，这个基金很适合普通百姓买，因为现在既安全又能有10%左右收益的投资品种并不多。但是，这不是我们要选的目标，我们的目标至少是年收益20%，否则，亿万富翁的目标如何实现？这样，我们只能在证券市场、期货市场和现货市场中去选。我前面还说过，专业的事交给专业的人去做，证券市场、期货市场、现货市场我们并不熟悉，就算熟悉，我们也比不过专业队员。所以我们要换种思路，通过基金间接投资证券市场和期货市场、现货市场，用他们的专业水平来帮我们致富。但是，专门投资期货市场和现货市场的基金我们也不能做，这些市场风险是很大的。因为期货市场和现货市场都是杠杆交易，就算做对十次，一次失败就有可能血本无归。"

"什么是杠杆交易？"安妹问。

"杠杆交易也就是借钱投资。譬如期货交易，1∶10的杠杆，等于你投资1万元，期货公司借你九万元，你可以做十万元的交易，这样，你只要赚10%，就等于资产翻了一倍。当然，亏10%，也等于亏光了本金。正因为期货交易风险很大，所以其交易方式是按你设定的价格交易，即在交易品种价格波动中，如果你在上面设一个止盈位，在下面设一个止损位，这样的交易是很安全的。但是，很多人为什么会因炒期货而倾家荡产呢？就是因为他们不设止盈止损位。为什么不设止盈止损位？因为期货有时波动很大，几个点的波动就等于赚百分之几十，这样每次十几二十个点止盈止损，却看到自己即将赚到手的钱飞了。经历过几次以后，有的人就抱着侥幸的心理不设止盈止损位。这样，即使你做对十次，一次错误就会血本无归，有时甚至倒欠期货公司的钱。现货也是一样，有的现货杠杆比期货还要高一点，最高的甚至有1∶100的，这样一次赚十几二十几个点而放跑了几倍的利润，做了几次后，你会甘心？于是你就会抱着侥幸的心理不设止盈止损位了，这样也可能做对几次，但一次错误也会抹掉你所有的利润，甚至伤及本金。正因为带杠杆的东西诱惑太大、赌性太大，所以我不会做带杠杆的品种，也一直奉劝我的朋友不要做带杠杆的品种。所以期货、现货我只少量尝试了一下，明白其中的交易规矩我就放弃了。我们在投资时要制定一条纪律：凡是带杠杆的品种都不要做，以免抵制不了诱惑而血本无归。2015年股灾，几十万个百万富翁被打爆仓，就是因为杠杆给害的。如果他们不融资或配资，有时间等得起大盘反弹，何至于爆仓。"

"什么是爆仓？"安妹问。

"爆仓就是你的账户达到融资或配资的平仓线，被债主强行平仓了。有时到了平仓线而股票都是跌停无法平仓，你不仅不能赚钱，反而倒欠债主不少钱。所以有的人受不了百万富翁变成百万负翁，就会跳楼自杀了。"

"这么可怕啊，看来以后带杠杆的投资千万不要做。"安妹说。

"是的，就算是专业人员操作带杠杆的品种，我们也不要去做。因为一个人不可能是"常胜将军"，而带杠杆品种一次失误就是致命的，所以专做带杠杆品种的基金我也尽量避免投资。当然，有的基金投资股指期货对冲市场风险，这一点可以例外，但也只能是少量做。这一点基金契约中都会写明的，我们只要认真研究一下就可以了。"

"那我们到底选什么品种呢？"安妹问。

"买明星基金经理管理的混合型基金。我统计过，明星基金经理管理的基金，业绩一般比较稳定并处于上游水平。如2015年，有742只基金盈利超过20%，最赚钱的基金赚了170%多，最亏钱的基金也亏了40%。而列入我统计的明星基金经理所管理的基金，绝大部分年收益超过20%。所以只要不是运气太差，选到一只年赚20%的基金是很容易的。当然，买基金也有一个渠道选择。现在买基金渠道很多，如银行、证券公司、基金公司官网、天天基金网或数米网等民营企业办的网站等，到哪里买更实惠、更安全呢？我认为基金公司官网更安全、更实惠。银行、证券公司买基金虽然方便，简化了手续，但手续费较贵，手续费最低也只能打到4折。而天天基金网或数米网等民营企业网站，手续费最低可以打到1折甚至免手续费。但是，天天基金网或数米网是民营企业办的，如果有一天他们跑路了，你到哪儿去找回你的投资？尽管你也有可能通过基金公司网站查到基金份额，但要索回，不经过繁杂的手续可能是难以要回吧。基金公司官网就不同了，首先，他是国家认可的，所以安全性相对有保证。而就算基金公司破产，为了不至于引起社会波动，国家都会让别的基金公司来接盘。其次，基金公司官网的手续费最低，有的基金公司基金转换的手续费为0，赎回的手续费为0.2%，这样低的手续费，不仅节约成本，而且波段操作也容易更多地盈利。最后，在赎回时资金能快速到账，货币基金快速提现功能能实时到账，股票基金和债券基金转换成货币基金也是一天左右就能提现出来。所以无论是流动性、安全性还是收益性，基金公司官网都是最佳的。当然，它也有弊端，就是只能在一个基金公司内转换基金，如果要换成别的公司的基金，还要到别的基金公司注册。但是，我们选好一个优质基金后，一般是不会换的。也就是说，只要在一个好的基金公司进行基金转换就行了。因为货币基金的收益差别都不大，我们重点是关注其混合型基金哪个最好。只要选定一个好混合型基金，我们就在混合型基金所在的基金公司开户，然后坚定地在这个基金公司投资就行了。"

"如果在投资过程中发现了更好的基金呢？"安妹问。

"换。其实从一个基金公司换到另一个基金公司，也就是一两天的事，耽搁不了什么事的。当然，换基金也要慎重，不能以一时的业绩作比较，而要以长期、持续的收益作比较，这样才能选出真正的好基金。"

"嗯，我明白了，目前情况下还是混合型基金能在安全的情况下达到年赚20%的盈利目标，我们只要选个好的基金经理人，然后在适当的时候介入，一路持有，在顶点区域出来就行了，这样既省事又赚得多。"

"对，抄底、逃顶，如果做得好，一年是不止20%的。"刘跃说。

◇ 编后语

投资渠道五花八门，胆子大的人追求收益选风险大的，保守的人会去选安全又稳定的。又怕风险又想要高收益，一般的基金是不行的，必须找明星基金经理管理的好基金。

第二节　学点周易

> 用周易预测股市，别有一片天地。
> 问：周易知识有什么用？
> 答：周易可以用来趋吉避凶。掌握了周易的基本的原理和简单预测方法，在把握不准市场的时候，可以用来作为投资参考。

"那么如何抄底、逃顶呢？"安妹问。

"抄底、逃顶有一定的技巧，但我们首先要学点周易，因为周易可以对行情进行预判。"

"为什么周易能预判行情呢？"安妹问。

"我们生活在日月天地之间，天地之间运转的星球对我们的影响是很大的。现代科学证明，物体与物体之间存在万有引力，但那还只是一个方面，其实，星球的运转对人的方方面面都会产生影响，包括人的情绪，这样就促使事物的发展形成一个趋势，如果我们能把握这个趋势并顺势而为，是不是事半功倍呢？如何把握这个趋势？这就是周易研究的范畴。为什么说周易研究这个东西呢？我们可以把'易'字拆开来看，上面是一个'日'字，下面是一个变体的'月'字。《易经》用一句通俗的话说，就是揭示日月运行的规律。当然，易经揭示星球运行的规律不仅仅只指日月，它还包括了五大行星、二十八宿及其他多种天体运行的规律等。可以这么说吧，学通了周易，等于就是上通天文、下通地理。如诸葛亮巧借东风，就是他运用周易一个典型的例子。为什么能借东风？其实道理说穿了非常简单，就是冬至一阳生。因为我国长江流域冬至交节气的时辰风向往往会发生变化，诸葛亮就是抓住这一点，装神弄鬼，巧借东风，成就了他一世英名。"

"要学到诸葛亮那个水平，我们一般人可能办不到。而且周易学起来也不是那么容易的吧？"安妹问。

"当然不容易。周易的学习要经过三个阶段：不易、简易、容易，不易就是对周易这本书要死记硬背，读懂原文。然后进入简易阶段，就是化繁为简。当对周易原文了然于心并经过长期的实践，积累了丰富的案例后，用周易预测就变得容易了。但这是一个非常漫长的过程，很多人研究一辈子都未能入门。而有的人却能很快触类旁通，这就要看每个人的悟性了。当然，周易博大精深，不是每个人都能掌握的，我们只要了解其中的原理，并且学会灵活运用就行了。"

"你说得太玄了，能不能举一两个具体的例子？"安妹说。

"周易被称为玄学之首，当然有其玄妙了。不过，我们只要掌握简单的规律就行了。很多时候，网上有高手经常会预测，我们掌握了基本的原理，就不会被似是而非的预测所欺骗了，而且能借助他人的预测结果，帮助我们正确判断这个市场。举个简单的例子，沪综指成立于1990年12月19日，开盘的时间用干支来计就是庚午、戊子、戊午、丁巳，而深成指成立于1991年4月3日，开盘的时间用干支来计就是辛未、辛卯、癸卯、丁巳。所以上证综指容易在子月、午月变盘，当然，子日、午日波动也较大。原因就是子午相冲。而深成指容易在卯月、酉月变盘，而卯日、酉日深市波动也更大一点。我曾做过统计，27年来，大部分午月都是下跌的，即使上涨的月份，也会波动很大，很多投资者在这个月很难赚钱。所以午月来临前空仓休息是最好的操作方式，尤其是在午月的夏至前一周，一定要空仓出来休息。你可以将27年来的沪综指数据调出来研究一下，看是不是我讲的这个规律。再一个例子是，我国证券市场是金融市场，金融市场和土关系密切，因为土生金。所以逢土的丑日、辰日、未日、戌日都要小心变盘，尤其是丑日，变盘的日子非常多。为什么？因为丑为墓为库，丑在高位为墓，高位逢冲，就等于冲开了坟墓。散户进入坟墓，自然是有死无生。丑在低位为库，低位逢冲，就等于冲开了金库，散户进入金库，当然是捡钱了。"

"这个周易很好玩啊。是不是掌握了周易，在股市中就等于捡钱？"安妹问。

"当然，但精通此术的人少之又少，而且周易不赞成做这类投机取巧之事，认为泄天机是会受到上天的惩罚的。我也只是粗通皮毛，而且我的老师强烈反对我做这一类的预测。所以我只在关键时刻提醒大家一下，如2015年午月的股灾以及2015年底子丑寅三月的三煞，我都提前进行了预测，至于有多少人能听，那不是我能左右的。周易其实就是一个趋吉避凶的工具，但这个工具需要你相信才有用。如果你不信，这个工具也就失去了意义了。"

"周易容易学吗？"安妹问。

"不容易，一般要从小开始学起，最起码要能够从头至尾将一本书准确地背下来，这只有小时候开始学才能够做得到。年龄大了，再学起来就困难一些了。当然，有人将干支配在手指上，所以你经常看到，有的算命先生掐指一算，就是这个道理。但掐指一算，周易的卦辞和爻辞并不一定记得准，所以算起来也就不够精准了。我前面说过，周易学起来是需要悟性的，所以能精通者少之又少。我建议你还是别学了，只要掌握基本的东西就行了，譬如干支之间的关系，它们的相互作用会产生什么结果。这些皮毛的东西还是容易掌握的。掌握了这些东西，然后在网上对别人的预测就能判断出对错，从而作出正确的取舍了。其实周易最直观的、与我们最密切的是历法，譬如二十四节气、日月食周期、闰月等，通过这些直观的知识再去了解周易，可能更容易入门一点。譬如2016年，这一年有日食无月食，那么这一年深沪股市都不会有大行情，因为日月不合璧。又如每十九年置的七个闰月，与大盘的运行也是密切相关的。大盘每每运行到闰月，都会见高点或次高点，然后下跌。为什么？因为农历二十四节气分布在十二个月中，

"基"不可失——教你实现"1个亿"的小目标

一般每个月有一节一气。二十四节气是地球围绕太阳运转轨道中每15度划分一个节或气，农历月份是月亮每阴晴圆缺一次形成一个月。由于日月运行规律的不同，这样在运行到一定阶段时，有的农历月份就会有节无气，而有节无气的这个月我们的祖先就将其定为闰月。正因为闰月有节无气，行情走到这个月就会断气了，这样变盘就自然形成了。所以掌握了闰月见高点这个规律，我们也能很好地逃顶。总之，周易是一本博大精深的著作，我们很难全面把握也没有必要精通它，我们只要掌握其中的一些基本原理，并且能够很好地运用就行了。除非你以周易为生，那又另当别论。"

"嗯，我们只要学点周易就行了，只要能够判断别人讲得对不对就行了。这样，就不会被别人糊弄了。"安妹说。

◇ 编后语

玩索而有得，将周易预测运用到股市之中，既可以帮助我们判断行情，也可以加深我们对传统国学的理解，一举而两得。

第三节　分析周期

> 历史重现，其实并不稀奇。
> 问：常见的周期有哪些？
> 答：历史总是惊人的相似，就是因为存在各种周期。常见的就有沙罗周期、太阳黑子周期、日月食周期、踏建周期、水星逆行周期，这些周期可以很好地帮助我们趋利避害。

"周易研究的是日月星球的运行规律，日月星球的运行都是周而复始，但又不是简单的重复。所以表现在股市中有一句话最形象了：'历史总是惊人的相似。'当然，相似不是相同，这一点我们一定要区分清楚。而惊人的相似背后，实际上是周期的作用。"

"股市中有哪些周期呢？你总结过没有？"安妹问。

"总结了，有些周期现在可以肯定，有些周期还在探索之中。我先将我能够肯定的一些周期规律告诉你吧。首先是沙罗周期。沙罗周期是古巴比伦人发现的，沙罗的意思就是'重复'，也就是在某个地方看到日食或月食，经过一定的时间又会在相同的地方看到。古巴比伦人经过长期统计，发现每隔223个朔望月，日食或月食会在相同的地方出现，这个223个朔望月周期就被称为'沙罗周期'。223个朔望月等于6585.3天，即18年零11.3天。也就是说，经过223个朔望月，太阳、月亮和黄白交点差不多又回到原来相同的位置。但由于太阳、月亮、地球甚至整个银河系都在不停地运转，所以这个相同的位置只是相对的，实际上各星球的位置已经发生了位移。我们知道，星球的运转变化对人的情绪会产生一定的影响,而沙罗周期由于是天文现象的重演,因此对应的股市也会出现历史重演现象。如1990年12月19日上证指数开业创下95点低点,运行223个朔望月后于2008年12月29日创下了当年的低点1815点。又如1996年1月19日上证指数见到当年最低点512点,2014年3月12日大盘也见到了当年的最低点1974点。如果我们细心统计,就还会发现更多的沙罗周期对应的高低点。2015年的股灾,其实就是沙罗周期一个最好的例证,因为前推18年零11天,大盘正是在1997年5月底见到相对高点:1997年5月12日见当年最高点,1997年6月5日大盘见当年次高点。所以在这个高点和次高点之间,要特别小心大盘变盘。当然,大盘的变盘非一个周期因素影响就能下结论的,还需要多周期共振等,但我们知道沙罗周期对应此时间点会发生变化,就要提高警惕了。事实上,对于后面行情的预测,我们都可以参考沙罗周期,在沙罗周期对应的时间段,绝大部分都是趋势相似,只是振幅不同罢了。其次是太阳黑子周期。所谓太阳黑子,实际上是指太阳表现一种炽热气体形成的巨大旋涡,由于其温度比太阳光球表面的温度低1000到2000摄氏度,所以在明亮的光球背景反衬下显得比较暗黑,看起来就像一个黑色的斑点。太阳黑子很少单独活动,通常是成群出现。天文学家经过系统的观察,发现太阳黑子活动最常见的周期是11年周期,当然,也有22年、80多年、170年和360年等多种周期。科学家发现,太阳黑子活动最剧烈的时期会引起地球上各种变化,如气候干燥、通信受阻、指南针乱动等,甚至对飞机、轮船和人造卫星造成安全隐患。太阳黑子对股市也会产生严重的影响,如黑子高峰期往往会出现非理性行情。2015年6月股灾的发生,就是因为太阳黑子爆发引发的非理性行情,令投资者损失惨重。所以,对于太阳黑子活动的影响,绝不可掉以轻心。事实上,荷兰'郁金香事件'、英国南海泡沫以及1929年美国金融危机、1987年美国股灾,都是太阳黑子活动最频繁的时期。所以对于太阳黑子周期也应引起足够的重视。再次是日月食周期。日食、月食是自然界一种美丽壮观而又比较少见的景象。所谓日食,就是月亮运行到太阳和地球之间,月亮挡住了太阳,形成的一种天文现象。所谓月食,就是地球运行到太阳和月亮之间,月亮进入到地球的阴影里。日食通常发生在农历每个月的新月,标志着一种新的开始,所以日食又叫特殊形式的新月。月食通常发生在农历每个月的满月,标志着结束或高潮,所以月食又叫特殊形式的满月。正因为特殊,所以日月食给地球带来的影响也会更加深刻。有些事件就像是'命中注定'一般,其影响通常是强而有力的。如有的日月食会带来意想不到的灾难,有的日月食则蕴含着某些机遇和好运。反映到股市上,通过统计我们会发现,每次月食发生后,原来的趋势都会延续 1.5 至 2.5 个月左右。每次日食前都会有相对的低点。日月食发生的周期,135 个朔望月会有 23 个食季,每个食季可能发生一至三次日月食。一年中日月食最少会发生两次,那么这两次都是日食。一年中最多可发生七次日月食,则日食的次数要多于月食的次数。最常见的是一年中有 4 次日月食:两次月食和两次日食。一年中没有月食的年份,股市难有大行情,因为日月不合璧,如 2002 年、2003 年、2016 年。在日月食成对出现的时刻,容易发生股灾。即日食前后六个星期内出现月食,那么在月食前六日及后三日构成'佩尔斯时间窗'。佩尔斯时间窗虽然不一定发生股灾,但美国历史上几次大的股灾都是在佩尔斯时间窗内出现的,因此,对于佩尔斯时间窗,我们必须高度重视。又次是踏建周期。踏建周期是古代历法中用于纪月、纪日的一种循环符号,它的循环排列是按十二建星的位置由月建和日辰地支来推算的。建、除、满、平、定、执、破、危、成、收、开、闭统称'十二建星'。正月建寅,这个月'节'后的寅日即为'建'。所谓'节',是指二十四节气中的'节'。二十四节气从立春开始,逢奇数为'节',如正月立春,二月惊蛰,三月清明等。逢偶数为'气',如正月雨水,二月春分,三月谷雨等。十二建星与节气的组合,呈现出了一种并不简单的周期,而是多元复合周期,这个周期,我们在历书上都能随时查到。古人建立踏建周期主

"基"不可失——教你实现"1个亿"的小目标

要是择吉，并拟了一个口诀如下：建平满收黑，除危定执黄，成开酌情用，闭破不吉祥，黑中平不爱，黄中危不强。建宜出行收嫁娶，定宜冠带满修仓，破除疗病执宜辅，危本安床开丈量，成开所作成开吉，平乃做事总平常。踏建周期可以说比较复杂，但用在股市上我们只要掌握简单的'破'月和'满'月就行了。因为'破'有'不破不立'之意，'满'有'满则盈'之意，大盘进入'破'月或'满'月，都有可能发生行情转折。如1997年5月进入'满'月区，当月沪市见顶1510点高点，深市见顶520点高点，2001年6月进入'破'月区，当月产生2145点高点。这样的统计数据还有很多。当然，并不是大盘进入'满'月或'破'月行情就会发生转折，但进入'满'月或'破'月行情发生转折的可能性较大，这一点一定要注意。此外，踏建周期还是两种特殊情况，一是无'满'月和'破'月的年份，此年大盘一般无行情，走得是不温不火，处于行情启动前的底部年份。二是有'满'无'破'的年份，大盘也处于行情启动前夕的底部年份，而且往往在'满'月见到阶段性大底。所以了解了踏建周期，我们对于行情是否走到顶部、何时抄底就大致心中有数了。最后是水星逆行周期。水星逆行周期一年有三到四次，每次二十几天。水星逆行并不是水星的运行轨道发生了转向，而是由于水星运行轨道与地球自转的黄道角度差带来的视觉上的轨迹改变，从地球上看，水星虽然也是依椭圆的轨道围绕太阳公转，但由于地球与水星运行速度不同，致使水星在某段时间内看起来好像是在逆行一样。水星逆行影响着人的记忆、情绪、沟通等，使人感到情绪低落，而且通常还会发生文书错误、信息丢失、机械故障、交通干扰等种种问题，所以天文学家告诫人们，在水星逆行期间最好不要做出重大决策或开始新的项目。水星逆行对股市的影响，主要表现为冲高回落，而且股灾往往在水星逆行期间发生。所以遇到水星逆行一般要回避，尤其是在前期涨幅较大的情况下，遇到水星逆行一定要清仓出来观望。以上五种周期是我现在用得较多也比较准确的周期，当然除此之外还有火星冲日周期、29月周期、58月

第四节　多做统计

> 周期有了数据统计来支持，更加科学严谨。
>
> 问：数据统计有什么意义？
>
> 答：科学的规律源自严谨的数据统计。把数据统计之后放在一起比较，可以验证规律和周期的准确性，可以更好地去投资。

"上面五种周期的规律确定吗？是怎么找出来的？"安妹问。

"基本确定，但也有变异。譬如水星逆行周期，2015年5月18日到6月11日这段水星逆行时间，按道理应该冲高回落，因为前面几年每次水星逆行周期都是冲高回落，一路下跌。但这一次大盘走势却很反常，在水星逆行期间不但不跌，反而一路上涨，并创下阶段性新高。正因为这段水星逆行周期的反常，使许多朋友认为我预测失误，结果在接下来的沙罗周期下跌中他们不再相信我说的话，致使他们在股灾中损失惨重，有的更是直接爆仓。而他们的惨痛教训也直接给我提了个醒，就是今后遇到有风险的时段，无论是否下跌，都要出来观望。因为股市有的是机会，我们只做我们有把握的机会，明知大盘会下跌，还要硬挺着，那不是找死吗？换句话说，即使大盘不下跌，我们清仓出来，也不会损失什么啊，只不过损失了时间、错过了一点机会而已。但如果大盘下跌呢？不是保住了资金，保住了今后继续战斗的子弹吗？所以我预测到风险的时段，基本上都出来观望，而不管别人怎么说。"

"你是如何找到这些周期性规律的呢？"安妹问。

"首先是周易预测，周易是我国古人观测天象而形成的一部博大精

（年）周期、204 周周期，等等，这些周期还需要我作进一步的统计和归纳，寻找到其中的规律。"

◇ **编后语**

历史相似，但不会完全相同。股市受众多因素影响，不能单纯地去看一个周期，以免钻牛角尖。

深的哲学巨著,然后运用于方方面面,如中医、历法等,而周期是历法最直观的反映,如沙罗周期、日月食周期、踏建周期等。明白了这些周期,就要用它们对股市的运行情况进行总结,也就是用海量的数据进行归纳。当然,归纳要有起点,否则周期数着数着就数错了。譬如西方人讲的波浪理论,为什么数着数着就无法自圆其说了?就是因为数浪的起点没找对。所以我在寻找周期规律中首先解决起点问题。如何解决起点问题?我认为每年的极点(最高点或最低点)作为起点来数周期比较准确,于是将深沪股市成立以来27年的高低点都作了一个统计。然后以这个统计表为起点再去数周期。当然有的起点并不是极点,如两分两至变盘点,就要在春分、秋分、夏至、冬至前后确定起点,然后再作统计。"

"能举个例子吗?这样更直观一点。"安妹说。

"好的,我们以闰月为例吧。深沪股市自1990年开办以来,共经历过九个闰月,即1993年闰三月(阳历4月22日至5月20日)、1995年闰八月(阳历9月25日至10月23日)、1998年闰五月(阳历6月24日至7月22日)、2001年闰四月(阳历5月23日至6月20日)、2004年闰二月(阳历3月21日至4月18日)、2006年闰七月(阳历8月24日至9月21日)、2009年闰五月(阳历6月23日至7月21日)、2012年闰四月(阳历5月21日至6月18日)、2014年闰九月(阳历10月24日至11月21日),这九个闰月,除2006年闰七月和2014年闰九月大盘是在上涨途中回调外,其他七个闰月,都是大盘指数由涨转跌的。其中,有两个闰月还创下了当年的最高点,有五个闰月创下了当年的次高点。创下当年最高点的两个闰月是2001年闰四月和2004年闰二月:2001年6月14日,大盘创下了当年的最高点2245.44点后一路下跌;2004年4月7日,大盘创下了当年的最高点1783.01点后一路下跌。创下当年次高点的五个闰月是1993年闰三月,1995年闰八月,1998年闰五月,2009年闰五月,2012年闰四月,2014年闰九月。1993年2月16日,大盘在创下当年的最高点1558.95

点后，回调整理，然后再次冲高，在闰三月冲高无法逾越前期高点时，于 1993 年 4 月 29 日创下当年的次高点 1392.62 点，然后一路下跌；1995 年 5 月 22 日，大盘在创下当年的最高点 926.41 点后，回调整理，然后再次冲高，在闰八月冲高无法逾越前期高点时，于 1995 年闰八月前两周的 9 月 12 日创下当年的次高点 792.54 点后横盘，然后在过了闰八月后一路下跌；1998 年 5 月 4 日，大盘在创下当年的最高点 1422.97 点后，回调整理，然后再次冲高，在闰五月冲高无法逾越前期高点时，于 1998 年 6 月 25 日创下当年的次高点 1404.04 点，然后一路下跌；2009 年闰五月，大盘一路上涨，在闰五月过后的两周即 2009 年 8 月 4 日，大盘在创下当年的最高点 3478.01 点后，一路下跌；2012 年 2 月 27 日，大盘在创下当年的最高点 2478.38 点后，回调整理，然后再次冲高，在闰四月冲高无法逾越前期高点时，于 2012 年 5 月 29 日创下当年的次高点 2393.28 点，然后一路下跌。从以上统计数据可以看出，闰月就是大盘发出的转势信号，而且由涨转跌的居多。所以在大盘运行到闰月时，我们一定要打起十二分精神，随时准备退出，这样虽然在闰月里你没有将股票出在最高点或次高点，但基本上可以说是将股票出在当年相对较高的位置上。除非大盘已呈现出明显的牛市，才要持股待涨，但闰月仍要回避，因为牛市上涨途中的闰月也是调整居多，如 2006 年闰七月和 2014 年闰九月。等到这两个月的闰月过完，才能再杀入股市，享受拉升的乐趣。"

"闰月我经历过不少，没想到还有这样的作用。"安妹说。

"当然，许多现象我们都是司空见惯，但却很少有人去统计其中的规律。所以，我们只要有心，多做统计，就会找出其中的规律，然后按规律办事，就会事半功倍。虽然这其中也可能出现变异的情况，如前面我提到的水星逆行反常的情况，但我们只要严格按规律办事，不为变异而改变自己的操作策略、操作纪律，我们就会有效地回避风险，从而实现在投资中的少输多赢。"

"你研究的都是股市中的现象，是不是我们要入市炒股呢？"安妹问。

"我研究的是股市大盘，我不赞成散户炒股，道理我前面已经讲得非常明白了。但基金投资的市场是股市，所以我们要研究股市，要知道什么时候进、什么时候出，这样才能有效地防范风险，有效地赚钱。当然，有的好基金你就算是傻瓜式投资，一路持有不松手，也会有不错的收益。我最近看到一个资料，近十年年化收益超过20%的基金就有二十二只。也就是说，无论牛市熊市，你只要持有这二十二只基金中的任何一只，就会年化收益20%以上。当然，如果能判断出牛市熊市，你还会赚得更多。"

◇ *编后语*

没有翔实的数据支持，我们容易陷入迷茫之中。多作统计，找到那些不易察觉的规律，可以让我们事半功倍。

第五节　判断牛熊

> 明明知道是熊市，就要果断收手。
>
> 问：怎么判断牛熊？
>
> 答：即便是投资基金，也要知道如何去判断熊牛。用股市中的各项技术指标进行分析，再运用周易进行验证。也许不能完美操作，但一定要看准当前的大趋势。

"如何判断大盘的牛熊呢？"安妹问。

"判断大盘的牛熊有很多种方法。我的方法是先用周易预测，如果在好的时段各趋势线金叉，就要全仓介入了。事实上，有时不需要金叉，只要用周易预测到大盘由熊转牛，而趋势线又向好的方向发展，就可以提前介入了。"

"什么是趋势线？"安妹问。

"所谓趋势线，就是根据大盘K线形成的一些平均线，如五日平均线、十日平均线、二十日平均线、三十日平均线、六十日平均线等。这其中最重要的是五日平均线、二十日平均线、六十日平均线和一百二十日平均线、二百五十日平均线。五日平均线又叫周线，因为一周就交易五天，所以用五日平均线来反映一周的变化。二十日平均线又叫月线，因为一个月就二十来天交易日，所以用二十日平均线来反映一个月的变化。六十日平均线又叫季线，因为一个季度就六十几个交易日，所以用六十日平均线反映一个季度的变化。一百二十日线又叫半年线，二百五十日线又叫年线，道理都是一样的。从短期趋势来看，月季从下跌转为走平，而 K 线站上月线，就可以做一波行情了。如果 K 线依托周线上升，更可以一路持有。而当 K 线跌破月线，短线是要出来观望一段时间的。从中期趋势来说，半年线由下跌走平，大盘站上半年线，就会有一波中线上升趋势，如果月线上穿半年线形成金叉，更可以证明这波上行趋势的可靠性。如果半年线又上穿了年线，那么就可能有一波可观的行情。此时，只要 K 线在月线上运行，就可以放心地持有股票或股票型基金。当然，在一波可观的上升行情中，大盘也会多次跌破月线，此时是走是留？一般股票只要跌破月线就要清仓出来观望的，但股票型基金则可以持有。基金的进出是不以月线为标准的，而是以净值的增减为标准的。我买的是明星基金经理管理的基金，一般不会跌破最高净值的 10%。所以我制定的基金退出股市的标准是自己所买的基金如果连续三天跌破近期最高净值的 10% 或某天跌破最高净值的 15%，无条件清仓出来，因为此时大盘已经走坏了，赚钱的运气已经不在我这边了。事实上，明星基金经理管理的混合型基金，由于持仓调控的空间大，所以在大盘跌破月线甚至季线时都有可能达不到我的清仓标准，我就可以放心地守着。只有大盘见顶下跌，它们才有可能达到我的清仓标准，此时我清仓出来，虽然不能卖到最高点，但基本上卖到相对较高的位置，也应该心满意足了。要知道，我们不是神仙，是不可能买到最低点、卖到最高点的。因此，买的时候基本上大盘处于底部就行了，卖的时候基本上是大盘的相对高位就行了。但买和卖都要相对果断，绝不能拖泥带水。"

"那趋势线向下走就是熊市了？"安妹问。

"当然，K 线处于月线之下，而月线一直下行，基本上是短线不可介入的。而月线下穿季线、半年线，更是表明熊市来临，此时炒股，只有死没有生，除非是庄家操纵，而你又能跟对庄。但这种可能性是非常小的。所以熊市 80% 以上的人都会亏损。一般情况下，熊市应空仓等待，即使 K 线偶尔站上月线，稳健的人一般也是不做的。然而，绝大部分散户却是从顶部下跌后套牢了就不动了，一路持有到底部，这样怎能不亏钱？所以我制定一个清仓标准是，自己的账户亏损超过15%，什么都不要想，无条件清仓。因为这时赚钱的运气已不在你这边了。但是，我发现，此时大多数人是舍不得清仓的，他们信奉'不赚不抛，只输时间不输钱'，其实这种阿Q心理是最害人的。因为下跌遥遥无期，等到大盘真正反转时，你手中的资金可能已经亏损了50%甚至更多。如果再想赚回来，非得翻倍才行。散户技术一般，要翻一倍，谈何容易啊。所以我说'股市猛于虎'并不是夸张的说法，你可以问问老股民，真正赚钱的能有几个？"

"股市亏钱这么厉害，为什么还有人前赴后继地进股市呢？"安妹问。

"一般散户进股市都是看到别人赚钱了才进去，那时可是牛市啊，而且是牛市中后期，可以说遍地是钱，进去都能赚钱。但你别高兴得太早了，牛市过后就是熊市，那些在牛市中刚刚尝到点甜头的人马上就会从天堂被打到地狱，尝够亏钱的痛苦。但亏钱的并不认为是自己能力不行，而是觉得自己运气不行，他们坚信，只要持有到牛市又会赚回来的。但牛市中赚了他们还想再赚，结果自然又在熊市中被市场戏弄了一回。事实上，进入股市中的人如果不能自我醒悟，基本上都是不愿意自己退出来休息的，因为赚钱的还想再赚，亏钱的则想扳本，只有把所有本钱都亏在股市，没法操作了，他们才想到回头是岸。我们要深刻地明白一个道理，业余队员是无法战胜专业队员的，而股市中的散户就是确确实实的业余队员，他们有什么资本去与专业的基金经理、证券从业人员比呢？就算牛市中他们能赚些钱，只要不退出股市，他们也会将所赚的钱全部还回市场，甚至亏到本金。只有那些深刻认识了市场，在牛市时入市、在熊市时退出休息的人，才能真正赚到一些钱。但那也是一些辛苦钱，而且一不小心就容易亏掉。所以，我们炒股，必须要打起十二分精神，随时将风险放在首位，没有把握的行情，宁愿放弃，也绝不胡乱入市，以免套住后无所适从，搞乱心态，从而做出错误的决策。"

"看来股市真不能乱进了。"安妹说。

"当然,散户要想在股市中赚钱,最好是借基金等专业人员的操作,而且要找好的基金经理、明星基金经理操作的基金,只有这样,才有可能真正赚到钱。"

"明星基金经理操作的基金,什么时候买呢?"安妹问。

◇ 编后语

市场不可能永远是熊市,也不可能永远是牛市。知道熊来了,就割肉清仓,一定要果断。

第六节　实现抄底

> 抄到真正的底，别抄在了半山腰。
>
> 问：怎么判断大盘的底部？
>
> 答：大盘自大顶下跌一年之后，基本上就见底了。此外，还可以参照大盘的620周均线，620周均线以下，可以安心出手了。

"一般情况下要在底部购买。但什么时候是底部？很难有一个具体的标准。所以常常看到有人抄底，结果抄到了半山腰，因为底部有底，底之下还有十八层地狱。所以大盘下跌时，不要急于抄底，而是要耐心等待。我的经验是，当一波大行情过后，从最高点那一天算起，一年之内不要进股市，可以将所有的钱都买成货币基金，因为货币基金每天都会有收益，而且比银行一年期定期存款收益要高。一年后就可以买成明星基金经理管理的基金来抄底了。此时大盘即使不到底，也离底部不远了。而明星基金经理管理的基金不仅能在牛市中赚钱，在震荡市中也能赚钱。因为底部的震荡市也会出现一些牛股的，而明星基金经理就能捕捉到这些牛股。"

"有没有具体的例子？"安妹问。

"有啊，如2007年10月16日大盘见顶6124点，一年后大盘跌到1900多点，此时虽然离最低点1664点还有百分之十几的距离，但这个点位已经相当低了，此时买入明星基金经理管理的混合型基金，虽然可能短期被套，但中长期赚钱是肯定的，因为世上没有只跌不涨的股市。果然，在半个月后大盘见底1664点就一路震荡上扬，并走出了指数翻倍的行情，最高反弹到 3478 点。而在 1900 多点介入的混合型基金，很多基金净值都翻了倍。又如 2015 年 6 月 12 日大盘见顶 5178 点，一年内无论大盘怎么走，我都不介入，而一年后，大盘跌到 2800 多点，此时介入，虽然大盘还会探底，但很多混合型基金净值已在缓慢回升之中了。此时介入明星基金经理管理的混合型基金，虽然也有短期被套之虞，但中长期赚钱也是绝对的。我们要明白一个道理，就是我们不可能抄到最低点。那么，我们只要在相对底部、相对安全的点位介入就行了。"

"底部有没有一个具体的判断标准？"安妹问。

"当然有，那就是在 620 周均线之下。事实上，按照菲波那契数列，610 周均线之下就是大盘的底部了。但中国的股市还是有一定的特殊性。有人将 1～1000 所有的均线用来分析沪指大盘，结果发现，620 周均线能够准确地判断大盘的底部。大盘在 620 周均线下，就表明此时处于市场底部，而大盘一旦突破 620 周均线起来，就有可能产生一波较强的上升行情。620 周均线比 610 周均线更符合实际走势，所以我一般用 620 周均线判断底部。如果哪天深沪股指跌破 620 周均线，我就砸锅卖铁全仓杀入股市。"

"620 周均线如何看？"安妹问。

"在 K 线图上点鼠标右键，在分析周期中选择周线，然后在主图指标中选择 MA 均线，将指标调整到 620，然后按键盘中方向向下的键，将 K 线不断缩小，就能显示出 620 周均线，然后看 K 线在 620 周均线之上还是之下，就能判断出此时是不是底部了。620 周均线是一条长期趋势线，严格地说，它是 2003 年 4 月初才形成的。它形成后，上证综指有三次跌破 620 周均线：一次是 2005 年 1 月，当时 620 周均线在 1251 点附近，而上证综指从 1 月 4 日开始它就在 620 周均线附近震荡，但真正跌破是 1 月 17 日，此后虽然短暂地站上了 620 周均线，但由于整体趋势不好，它最终在 3 月 17 日跌破 620 周均线并在均线下运行达 1 年之久，直到 2006 年 1 月 18 日，它才站上 620 周均线，开启了一波大牛市行情。如果在大盘跌破 620 周均线下介入，是否介入早了一点呢？因为其后最低下跌到 998 点，还有 20% 的下跌空间。其实这种担心是多余的，事实上，2005 年虽然是熊市，大盘绝大部分时间在 620 周均线下运行，但绝大部分混合型基金都是盈利的。这就说明，只要大盘跌破 620 周均线，你就可以大胆地买入混合型基金了，而且买入后可一直持有不动，直到股指涨过 620 周均线一倍以上才能考虑是否卖出。此时收益绝对不止一倍。"

"大盘第二次跌破 620 周均线是什么时候？"安妹问。

"第二次是 2008 年 10 月，当时 620 周均线在 1800 点左右，大盘于 2008 年 10 月 27 日跌破 620 周均线，但仅在 620 周均线下停留十个交易日，就拔地而起，走出了一波指数翻倍的反弹行情。也就是我刚才说的，如果大盘 2007 年 10 月 16 日从顶部跌下来，如果稍微等长一点时间，就能等到跌破 620 周均线下介入，结果又能再赚一倍以上的利润。"

"大盘第三次跌破 620 周均线是什么时候？"安妹问。

"大盘第三次跌破 620 周均线在 2012 年 7 月，这一次大盘在 620 周均线下停留的时间较长，直到 2014 年 9 月 5 日才算真正突破 620 周均线开启一波上扬行情，这次上扬行情大盘也走得比较强劲，升幅在一倍以上。以突破 620 周均线 2200 点算起，到最高点 5178 点，指数涨一倍多，不少混合型基金都涨了两三倍。"

"那在股指跌破 620 周均线时买的混合型基金会不会亏？"安妹问。

"不会。我做过统计，2015 年 1 月 17 日跌破 620 周均线时介入，尽管指数在底部运行了一年之久，但不少混合型基金都是赚钱的，更不用说那些明星基金经理管理的混合型基金了。我统计了一下，明星基金经理管理的基金，在 620 周均线下运行这一年里，收益都在 20% 以上，有的业绩还比较优异。而 2012 年 7 月到 2014 年 9 月，大盘运行在 620 周均线以下，很多混合型基金的年收益也超过了 20%，更不用说明星基金经理管理的基金了。这些数据都是可以查得到的。所以在620周均线下介入混合型基金，基本上是不会亏的。当然，我们在620周均线下介入的混合型基金，也不能指望其赚20%的年收益就满足了。因为620周均线一旦被突破，向上拓展空间，必有1倍以上的涨幅，我们就是要持有混合型基金到1倍以上的涨幅后，看到大盘出现明显的顶部行情时，才要清仓出来观望。此时，我们所持有的混合型基金都赚了大钱了。一波行情做下来，我们就会缩短几年成为亿万富翁的时间。所以，大盘只要跌破620周均线，都值得用所有的资金投入到混合型基金上，去博一把股指翻倍所带来的丰厚投资收益。"

"听你这么一说，我都有跃跃欲试的感觉了。但我听说，会买的是徒弟，会卖的是师傅。除了你刚才说的最高净值跌破10%出货外，还有没有判断顶部的方法？"安妹问。

◇ 编后语

很多人一旦资金充足就迫切地想出手，实则不可取。出手时间切不可根据手中资金的多少为依据，而应该根据市场的情况做决定。真正的底部，才是出手的最好时机。

第七节　顶部特征

> 卖在顶部，才能把更多钱赚到口袋中。
>
> 问：市场什么时候到达顶部？
>
> 答：分级基金出现无风险套利空间，620周均线一倍以上的涨幅，自己账户市值缩水15%以上，都是简单而明确的判断顶部的方法。

"有啊，方法还挺多，但我们只要掌握其中几种主要的方法就行了，而且要越简单、明了才越实用。至于一些复杂的方法，我不建议你去了解和研究，那些方法在我看来是不实用的。"

"说几种简单、实用的方法，我好验证并用上。"安妹说。

"第一种方法是周易预测法。周易预测属于玄学范畴，很多人都难以掌握它，但由于周易揭示的是天体的运行规律，而我们人类相对于天体来说是渺小的，是会受到很大的影响的。所以用周易预测大盘走势有相当的准确性，只是我们现在还无法准确把握其中的原理，所以预测出错的情况也是有的。也正因为周易预测容易出错，所以很少有人用它来判断顶部。但用周易归纳出来的沙罗周期、踏建周期、日月食周期、干支周期等却为我们判断股市顶部提供了直观的依据。譬如两分两至（春分、秋分、冬至、夏至）的变盘点，踏建周期的'满'月区、'破'月区，干支周期的午月、子月，沙罗周期前推十八年零十一天等，都是在大盘开始上涨后我们要提防的顶部区域。2015年6月15日的股灾和2016年元月的股灾，就是因为2015年6月是农历的午月，而沙罗周期表明十八年零十一天前的 1997 年 5 月底大盘见顶。2016 年元月则是子丑寅三月三连煞，加上正处于水星逆行周期。所以这两次股灾我都预测到并提醒朋友们清仓出来了。当然，周易预测也会有失误，但我的原则是，只要预测到风险，无论风险是否发生，都要出来休息，直到风险过后再进入股市。股市中有的是机会，我们只做我们能够把握的机会。只要本钱在，就总会有赚钱的机会的。"

"周易预测方法太难了，我还要慢慢摸索，你再说说其他的方法吧。"安妹说。

"第二种方法是市值法。这种方法相对简单、直观，就是以自己的账户市值为基准，在大盘上涨的过程中，如果自己账户的最高市值缩水 15%，就要清仓出来休息了，因为此时即使大盘上涨，运气也不在你身边了。这一点最明显的是 2007 年 8 月到 10 月，大盘从五千点涨到六千多点，很多投资者却不赚反亏，形成明显的只赚指数不赚钱行情，这就说明，主力在拉高指数出货了。此时理应出来观望，但不少投资者却不信邪，杀进去追热点，结果自然在大盘见顶后损失惨重，有的买中石油、中石化等大盘权重股，至今还深套其中。所以，炒股票如果从最高市值亏损 15%，绝对要退出来休息。基金由于是专家操作，如果连续三天跌破最高市值的 10%，也要出来休息了。跌破 15%，更要出来休息。此时绝对不能拖泥带水，心存幻想。如果心存幻想，想等反弹后再出来，那么就只会越陷越深。第三种方法是分级基金套利法。分级基金作为杠杆基金，我是不赞成你去做的，但用分级基金套利的方法来判断顶部还是非常有效的。因为市场不可能长期存在无风险套利的品种，否则，人们不用炒股，专门做无风险套利，也会几个月资产就翻一番。所以，分级基金无风险套利只会存在一段时间，而且就是在大盘处于顶部时。如何看分级基金是否有无风险套利空间？其实我们不用计算，只要在网上查询分级基金网，然后在实时数据中查询'整体溢价预估'就行了。如果整体溢价预估出现三个以上的分级基金套利空间超过 10%，那就要十分小心了，此时大盘很可能已经到了顶部阶段。因为有 10% 的套利空间，主力就会放弃做股票，而专做这类无风险套利的品种。主力都放弃做股票了，大盘没有资金的持续进入，它还会涨吗？所以我用这个方法逃顶，屡试不爽。这也是比较直观并十分有效的一种方法。第四种方法是 K 线分析法。K 线分析法是一种技术分析，准确率较高，但判断起来比较困难。因为有时顶上有顶，我们很难判断大盘真正见顶是什么时候。我的方法是，以大盘突破 620 周均线那个指数为准，如大盘再涨过这个指数一倍的涨幅时，就要用 K 线来判断大盘是否见顶了，此时用 K 线判断大盘的顶部准确率较高。如何判断？就是在 620 周均线 1 倍以上的涨幅时，如果 K 线出现一阴吞数阳的大阴线或带长下影的 K 线，其后几天虽然又涨了上去，但却出现带长下影的 K 线，无论这个带长下影的 K 线是阴线还是阳线，都表明大盘即将见顶，此时最好退出来观望。为什么这类 K 线组合预示着大盘见顶呢？因为大阴线或长下影的 K 线就是主力在出货，但由于主力手中的筹码不可能一次出完，所以它又拉权重大盘股将指数拉起来，此时投资者就有只赚指数不赚钱的感觉。如是两三次，当散户都放松警惕时，真正的下杀就来了。所以见到此类 K 线组合或者感觉到自己只赚指数不赚钱了，就最好出来休息一下，等大盘走势明朗了再入股市不迟。股市中有的是机会，我们只能抓住我们能够把握的机会。对于无法把握的机会，我们最好的办法就是学会放弃。"

"还有其他方法吗？"安妹问。

"有啊，判断股市见顶的方法有很多，如均线死叉法、指标顶背离法等，但上述几个方法是最简单也是最直观的。如果我们在实际操作中发现有两个以上信号提示大盘见顶，就要毫不犹豫地退出股市观望，不能心存幻想而贪心恋战。否则，就会受到市场严厉的惩罚。当然，方法也不是越多越好，我的建议是只要掌握简单的几种就行，并且投资也是越简单越好。方法多了，各种方法判断不一致，就会影响判断，甚至贻误战机。所以，我对投资的追求就是简单、有效。其实真正有效的投资并没有那么复杂,我们只要学好简单的一招就行了。复杂的分析判断,留给专家去搞吧。劳心费神又不专业,反而是弄巧成拙,何必呢?"

"是的,我们只要选好一两个明星基金经理,然后持续不断地投资他们所管理的基金就行了。有钱就投,选股选时的事,由专家自己去判断好了。"安妹说。

◇ *编后语*

判断顶部的方法很多,真正简单、实用的就那么几招。掌握好了就去严格执行,千万不要心存侥幸。

第八节 计划行事

> 谋定而后动，依计行事就不会吃亏。
> 问：为什么要制订计划？
> 答：入市之前就要有明确的投资计划，当到了该止盈止损的时候，就要果断执行。如果没计划地去投资，就总会有不切实际的期待，赚了的没能落袋为安，亏了的越亏越多。

"是的，在大盘从大的顶部跌下来一年后，我们有钱就投资明星基金经理管理的基金，而且可以不断地加仓，直到顶部出现才要休息，但仍有一些东西要注意。"

"需要注意些什么？"安妹问。

"在入市前要制订好投资计划，入市后就要按计划操作，绝不能因为市场因素影响到我们的操作。譬如大盘见大顶后下跌一年时间，此时闭着眼睛就可以买明星基金经理管理的基金了。但有的人一买进去，大盘还在跌，而且自己买的基金马上被套住了，有的人就心慌了，认为大盘还没有真正见底，怕买早了资产受到损失。事实上，大盘什么时候真正见底，我们是无法提前知道的。只有大盘真正走出来后，我们才会恍然大悟：'哦，原来那个点位就是底部。'所以等到你认识到底部时，大盘已经上升一大截了，你能抄到真正的大底吗？而买明星基金经理管理的基金，我们只可能小套一阵子，有时甚至连小套一阵子的机会都没有。因为大盘在底部磨的时候，明星基金经理选的股票已经开始在上涨了。我统计过，在2015年6月12日大盘见顶5178点后直到 2016 年 6 月 12 日,一年的下跌时间,很多明星基金经理管理的基金都有不同程度的涨幅,但这段时间仍属于风险期,我们不要去做火中取栗之事,这段时间选中净值逆市上涨的基金很难。但 2006 年 6 月 12 日以后,大盘虽然还在震荡下跌,很多明星基金经理管理的基金却已经拒绝下跌,净值开始回升了。所以大的顶部跌下来一年后买入明星基金经理管理的基金,投资绝对是安全的。因为震荡市也有牛股,而好的基金经理就能选中这些牛股,这就是专家能耐,我们不服不行啊。"

"是不是见顶一年后可以持续加仓,并且有钱就加仓。"安妹问。

"当然,有钱就加仓。但也要看时机。由于基金交易是按收盘后的净值交易的,所以我们在大盘见顶一年后见大跌就加仓,买跌不买涨。当然,也不能等太久,因为此时这类优秀的基金净值虽然也在震荡,但总体上还是上涨的。此时如果等它下跌,只会越等介入的成本就越高。我统计过,近十年来如果不分牛熊市,一路持有基金,那么有 22 只基金年化收益是超过 20% 的,如果我们回避掉大盘见大顶后一年的下跌时段,那么收益会更高。当然,如果不分牛熊市一路持有基金,那么年化收益 10% 以上的基金也有几百只。所以,我觉得任何投资都不如持有混合型基金划得来,尤其是回避掉大的下跌时段的混合型基金,收益会更高。所以平时我的资产都是以混合型基金的方式持有的,而且我是有钱就加仓混合型基金,不去管市场如何走。只有在见大顶后才会出来休息一段时间。"

"你这个方法很好啊,但老百姓知道得就太少了,他们都喜欢存银行,怕投资风险。今后我也要跟你学。"安妹说。

"老百姓怕投资风险是因为他们没有用心去研究、去统计。事实上,混合型基金的投资收益只要稍微统计一下就能看得出来。所以我说过,要学会经常进行数据统计,用数据说话,只有真实、可靠的数据才能为我们的投资提供正确的方向。如果再加上优中选优,一年赚 20% 根本不是难事。所以亿万富翁并不是一个梦,而是实实在在能够实现的。我们一是要有信心，二是要坚定不移地按照自己所设定的道路走下去。你要想想，当你拥有一千万、一个亿，人生会变得多么美好啊，你再也不用为生计发愁，可以随心所欲地做自己想干的事，那时的你，可能又会是一个全新的你。"

"刘老师说起亿万富翁的话题我就有股冲动，我一定严格按照你设想的方案去做，坚决完成亿万富翁目标。"安妹说。

"能不能成为亿万富翁，靠的是恒心和毅力，并没有什么特别的技巧。其实投资混合型基金，除了逃避见顶后的急速下跌外，如何逃顶也是十分重要的。关于顶部的判断，我前面已经讲了几种简单、明了的判断方法。但判断准确是一回事，如何正确操作又是另外一回事。我常常见到，很多人明知大盘已见顶了，却还在幻想涨得更高，说是'顶上有顶'，不愿意在顶部出来，而大盘一旦下跌，跌到我说的 10% 或 15% 的止盈止损位，他又不愿意出来，说是正常调整，还会涨起来，结果是看着利润离自己而去。为什么他们会如此做呢？因为他们账户的资金是自己真金白银的血汗钱，谁都想赚得更多一点，都容不得有半点闪失。所以赚了还想赚更多，跌了则想赚回来。他们老以自己的意志来处理问题，不去思考市场会怎么样走，结果自然受到市场的处罚。事实上，市场是无情的，它绝不会因为某些人的意愿就走好，而且往往与人的预期走势相反。所以我们在入市之前就要制定好操作策略，尤其是止盈止损策略，一旦到达止盈止损位，坚决执行入市前制定的策略，绝不拖泥带水。这样做就算做错了也在所不惜，因为只有这样做，才能真正回避掉风险，实现财富的稳定增长。所以高位止盈止损非常重要。我记得 2015 年 5 月底，水星逆行加沙罗周期，又逢午月，确实是一个下跌调整的敏感时间段，我多次提醒朋友们要空仓出来，但真正能信的有几个？而信了又清仓的就更是少之又少了。所以知道是顶和逃离顶部绝对是两个不同的概念。"

"刘老师，如果那时我跟着你，我会逃出来的。"安妹说。

"未必。因为 2015 年那场股灾前所未有，所以一般人是不会逃出来的。但也正是那场股灾教育了我们，所以今后我们只要预测到风险，就一定要先回避，即使大盘风险没有发生，也要回避。保住了本钱才有战斗的子弹。"

"刘老师，对于今天的课我是不是可以这样理解，除去见顶后一年内不买混合型基金，其他时间都可以买明星基金经理管理的混合型基金，而且有钱就加仓，以混合型基金形式存放自己的资产，然后在顶部逃出来，换成货币型基金持有，等待下一轮跌到位再继续投资混合型基金。"安妹问。

"可以这样理解，下堂课我重点讲讲基金，让你对基金有一个更深入的了解。"

"好好，谢谢刘老师！"安妹说道。

◇ 编后语

市场是无情的，而投资者又总是心怀侥幸。如若不敬畏市场，得到的只会是市场的惩罚。

◇ 第四章

了解基金

又是一个周末来到，安妹和刘跃约好在茶馆喝茶，顺便聊聊基金投资。

一见面，安妹就说："我听了你的指导，在国泰基金管理公司开了户，将钱都充值进去，然后第二天就全部转成国泰金龙行业精选混合型基金了。买的是高了一点，但几天后大盘跌它却横盘，这几天涨上去了。我统计了一下，如果以周计算，最近几个月它几乎每周净值都增长一点，确实是个好基金。"

"国泰金龙当然是个好基金，它的基金经理是杨飞，杨飞所管理的几个基金，如国泰估值优势、国泰中小盘，在所有混合型基金中几乎年年都排在前五十名之内，所以买他管理的基金令人放心。国泰金龙基金还是近十年年化收益率超过 20% 的 22 只基金之一，加上明星基金管理，这样的基金中长期持有是令人放心的。买基金就要选这样的好基金。"

"今天给我详细介绍一下基金吧，我是越来越感兴趣了。"安妹说。

第一节 基金种类

> 面对各种各样的基金,我们千万别挑花了眼。
> 问:基金有哪些种类?
> 答:基金的分类方法有很多,一般适合广大投资者投资的基金可以将其分为股票型基金、混合型基金、债券型基金和货币基金。不同种类的基金收益和风险不一样,投资前一定要了解清楚。

"好的,先说说基金的种类吧。基金的种类有很多种,按投资的对象分,有产业投资基金、股权投资基金、证券投资基金等,证券投资基金又分为期货投资基金和股票投资基金。我们主要投资的是股票投资基金。股票投资基金按发行对象又分为公募基金和私募基金。公募基金是指发行人向不特定的社会公众投资者发行的基金。在公募发行方式下,任何合法的投资者都可以认购拟发行的基金,这种发行方式的有利之处在于以众多的投资者为发行对象,发行数量多,募集资金的潜力大,投资者范围大,可避免发行的证券过于集中或被少数人操纵,而且可以增强证券的流动性,有利于提高发行人的社会信誉。但公募基金的发行条件比较严格,发行程序比较复杂,等级核准的时间较长,发行费用比较高。私募基金又称不公开发行或私下发行、内部发行的基金,是指以特定少数投资者为对象的发行。其对象有两类:一是指公司的老股东或少数投资者为对象的发行;二是指投资基金、社会保险基金、保险公司、商业银行等金融机构以及与发行人有密切往来关系的企业等机构投资者。私募基金投资有限额，一般是100万元以上，而且一般每年只开放一到两次，投资者只能在这一到两次的开放日期内申购和赎回。我们的投资一般只考虑公募基金，不考虑私募基金。公募基金按运作方式可分为封闭式投资基金、创新型封闭式投资基金和开放式投资基金。封闭式投资基金是指基金发起人在设立基金时，募集达到了限定的基金单位发行总额、筹资总额后，基金即宣告成立，并进行封闭，在一定期限内不再接受新的投资。基金单位的流通采取在证券交易所上市的办法，投资者日后买卖基金单位，都必须通过证券交易所在二级市场上进行竞价交易。创新型封闭式投资基金是指基金处于半封闭半开放状态，即基金在合同期满的一定期限内，它属于封闭式基金。超过这一期限后，基金自动转换为开放式基金，投资人可以自由申购和赎回。创新型封闭式基金在一定程度上避免了资本的频繁进出，缓解了成本压力，为基金管理者更好地管理基金和获取更多收益提供了一种新的运作模式。开放式基金是指基金发起人设立基金时，基金单位或者股份总规模不固定，可视投资者需求，随时向投资者出售基金单位或者股份，并可以应投资者的要求随时赎回发行在外的基金单位或者股份的一种运作方式。封闭式基金和开放式基金无所谓哪个更好，这跟基金发起人运作水平有关系。随着社会的发展，为了进一步方便投资者，现在封闭式基金发行越来越少，而开放式基金发行却越来越多。基金按持仓结构可分为股票型基金、混合型基金、债券型基金、货币型基金、指数基金和保本基金。股票型基金是指主要投资于股票市场的基金，其投资于股票市场的持仓份额不低于60%。由于股票仓位重，所以在牛市中它是赚得最多的，但在震荡市或熊市中，它的亏损也比较厉害。所以总体而言，其收益不如混合型基金。混合型基金是指投资组合中既有股票又有债券，还有银行票据等固定收益产品的多元化证券投资品种，由于其股票持仓可以在0至95%之间灵活调整，所以在震荡市中其收益要远好于其他品种，而在熊市中它也能适当降低仓位，以抵御市场系统性风险。从中长期来看，由于专家操作并能灵活控制仓位，所以其收益是最好的。我们的投资主要以研究这类品种为主。债券型基金是指主要以国债、金融债等固定收益类金融工具为投资对象的基金，它可分为纯债型基金和偏债型基金，纯债型基金不投资股票，偏债型基金可以少量投资股票。债券型基金还有一类：可转债基金，它的主要投资对象是可转债，可转债在转换期内既可转换成股票，也可直接在市场上出售可转债变现，还可持有债券到期，以收取本金和利息。由于可转债基金是专家操作，又涵盖了股票和债券，所以一般情况下其收益要好于债券基金。货币型基金是指主要投资于债券、央行票据、回购等安全性极高的短期金融品种的基金，所以它又被称为'准储蓄产品'。从近年来的投资收益看，它一般要高于银行一年期定期储蓄，并且按天计算，所以适合在下跌的熊市中持有。但由于其收益毕竟不高，所以我们只在由牛转熊的快速下跌行情中短暂持有，一旦大盘见底，我们还是要转换成混合型基金持有。指数基金是指以投资指数成份股为对象的基金，即通过购买一部分或全部某指数所包含的股票，来构建指数基金的投资组合，目的就是使这个投资组合的变动趋势与该指数相一致，以取得与指数大致相同的收益率。严格地说，指数基金也是股票型基金的一种，但股票型基金由专家主动操作，而指数基金则被动地持有指数成份股。在国外，指数基金的投资收益因优于其他股票基金而受到专家们的推崇，但在国内，目前指数基金的收益还乏善可陈。保本型基金主要是将大部分本金投资在具有固定收益的投资工具上，如定存、债券、票据等，让到期时的本金加利息大致等于期初所投资的本金，另外，将孳息或极小比例的本金设定在选择权等衍生性金融工具上，以赚到投资期间的市场利差，因此保本型基金在设计上提供了小额投资人保本及参与股市涨跌的投资机会。事实上，保本基金的收益是很低的，而且要持有到期才能保本，所以对于这个品种我们一般也是不予考虑的。"

"我看到市场上经常有QDII、QFII、LOF等字眼的基金，这些基金是怎么回事？"安妹问。

"这又是另一种分类方法。QDII 基金是指在一国境内设立，经该国有关部门批准从事境外证券市场的股票、债券等有价证券业务投资的证券投资基金，它是在货币没有实现完全可自由兑换、资本项目尚未开放的情况下，有限度地允许境内投资者投资境外证券市场的一项过渡性的制度安排。QFII 基金则相反，它是指合格的境外机构投资者（QFII）将被允许把一定额度的外汇资金汇入并兑换为当地货币，通过严格监督管理的专门账户投资当地证券市场，包括股息及买卖价差等在内的各种资本所得，经审核后可转换为外汇汇出，实际上就是对外资有限度地开放本国证券市场。QDII 和 QFII 我们都不熟悉，所以最好不要去投资它们。事实上，他们的业绩也不尽如人意，不值得我们去关注。这些业绩数据你只要在网上查一查就一目了然了。LOF 基金又称为'上市型开放式基金'，就是基金发行结束后可以在交易所进行交易的基金，投资者既可以在指定网点申购与赎回基金份额，也可以在交易所买卖该基金。不过投资者如果在指定网点申购的基金份额，想要上网抛出，需办理一定的转托管手续；同样，如果是在交易所网上买进的基金份额，想要在指定网点赎回，也要办理一定的转托管手续。由于场外市场和场内交易所交易价格的不同，这样就容易产生价差，也就是套利空间。如果套利空间足够大，就可以做无风险交易。这一点在分级基金身上表现得尤为明显。"

"什么是分级基金？我听你提到过几次了。"安妹问。

"分级基金是 LOF 基金中的一种，就是在一个投资组合下，将收益分为两级（或多级），使一个母基金下表现为风险收益有一定差异的几个子基金。分级基金的主要特点是将基金产品分为两类或多类，并分别给予不同的收益分配，分组基金各个子基金的净值与份额占比的乘积之和等于母基金的净值。如拆分成两类份额的母基金净值 = A 类子基净值×A 份额占比％ + B 类子基净值×B 份额占比％。如果母基金不进行拆分，其本身是一个普通的基金。分级基金的 A 类是固定收益类，即无论母基金净值如何，其 A 类收益固定。也就是说，如果母基金收益减少，相应的 B 类要先满足 A 类的收益要求，剩余的收益才是 B 类的。这样，B 类就形成了一个杠杆，当市场行情较好时，B 类的收益大大增加，因为 A 类除了固定收益外，多余的收益给了 B 类，而当市场行情转弱时，B 类的净值下滑也快于同类的基金，因为它要先补充 A 类的收益。由于分级基金较复杂且带有杠杆，所以我一般不做，这是我的投资原则。但这类基金由于场内和场外两个市场交易，所以会产生一定的差价。当差价足够大，产生无风险套利收益时，就要当心市场的变盘了。这也是判断大盘顶底一个比较直观的方法。此外，市场中还有一种 ETF 基金，也是可以套利的。ETF 基金又叫交易型开放式指数基金，它是开放式基金的一种特殊类型，它结合了封闭式基金和开放式基金的运作特点，投资者既可以向基金管理公司申购或赎回基金份额，同时，又可以像封闭式基金一样在二级市场上按市场价格买卖 ETF 份额，不过，它的申购和赎回必须以'一篮子'股票换取基金份额或者以基金份额换回'一篮子'股票。由于同时存在证券市场交易和申购赎回机制，投资者可以在 ETF 市场价格与基金单位净值之间存在差价时进行套利交易。套利机制的存在，使 ETF 避免了封闭式基金普遍存在的折价问题。目前国内推出的 ETF 主要是指数基金，ETF 指数基金代表'一篮子'股票的所有权，是指像股票一样在证券交易所交易的指数基金，其交易价格、基金份额净值走势与所跟踪的指数基本一致。因此，投资者买卖一只 ETF，就等同于买卖了它所跟踪的指数，可取得与该指数基本一致的收益。ETF 基金通常采用完全被动式的管理方法，以拟合某一指数为目标，兼具股票和指数基金的特色。ETF 基金的套利，由于需要以'一篮子'股票为基础，所以它主要适合大资金或主力机构，一般中小散户无法用它套利。"

"这么多基金品种，我们重点关注哪一类呢？"安妹问。

"其实真正适合广大投资者的品种就是混合型基金和货币型基金，风险偏好低一点的也可做债券型基金。我们实现亿万富翁的目标，主要关注的就是混合型基金。分级基金兼具混合型基金的特点,但带杠杆的基金我们坚决不做,尽管其赚钱快,但风险也很大,做这样的基金容易上瘾,其真正亏起钱来也更快,我们还是稳扎稳打为好。"

◇ 编后语

　　分级基金带杠杆,风险可能比股票还大。货币基金很稳定,收益相对而言就会很少。研究了之后再选基金,混合型基金和货币基金的组合比较适合普通投资者。

第二节 基金规模

> 基金规模大，不一定就是好事。
>
> 问：基金规模会影响业绩吗？
>
> 答：会。规模大的基金抗风险能力强，但收益平稳。规模小的基金有清盘的风险，但收益往往要好一些。而100亿到1000亿之间的中等规模基金，是属于性价比较高的选择。

"基金公司规模大好还是规模小好？"安妹问。

"大有大的好处，小有小的优点，这要具体问题具体分析。从基金公司的规模看，规模大的基金公司抗风险能力强，但收益平稳，不如规模小一些的基金公司的赚钱水平。但太小的基金公司也有清盘的风险。所以我一般选规模在100亿至1000亿元之间的基金管理公司。规模在1000亿元以上的一般不选，而低于100亿元的也不选。我有一个表格，是2016年上半年结束后各基金公司规模一览表，并与2015年末进行了比较，你可以参考一下。"说着，刘跃拿出一张表格递给了安妹。

排名	基金公司	2016年上半年（亿元）	2015年末（亿元）	规模变化	排名变化
1	天弘	8505	6739.3	1766	持平
2	华夏	5148	5903.1	-753	持平
3	工银瑞信	4824	4430.65	393	上升1位
4	易方达	4057	5760.75	-1703	下降1位
5	南方	3422	3346.73	80	上升1位

续表

排名	基金公司	2016年上半年（亿元）	2015年末（亿元）	规模变化	排名变化
6	嘉实	3077	3489.74	-411	下降1位
7	汇添富	2859	2525.21	334	上升3位
8	博时	2502	2056.16	442	上升4位
9	建信	2473	3146.93	-674	下降1位
10	中银	2444	2769.31	-334	下降1位
11	招商	2409	2503.26	-94	持平
12	广发	2333	3300.64	-968	下降5位
13	鹏华	2008	1726.92	279	上升2位
14	富国	1909	1923.69	-15	下降1位
15	银华	1699	1521.09	178	上升2位
16	华宝兴业	1581	1814.25	-246	下降2位
17	华安	1402	1574.21	-156	下降1位
18	兴业全球	1248	1130.64	117	上升3位
19	诺安	1040	980.08	60	上升5位
20	兴业	963	1130.64	228	上升14位
21	上投摩根	929	1167.91	-238	下降1位
22	景顺长城	903	782.64	120	上升8位
23	融通	889	983.41	-94	持平
24	华泰柏瑞	877	1299.25	-423	下降5位
25	长城	858	697.18	161	上升11位
26	国投瑞银	851	959.94	-109	持平
27	大成	842	1307.47	-465	下降9位
28	农银汇理	792	965.36	-174	下降3位
29	中欧	749	763.51	-15	上升2位
30	中邮	689	789.3	-100	下降1位
31	交银施罗德	644	839.6	-193	下降4位
32	国泰	642	981.67	-347	下降10位

续表

排名	基金公司	2016年上半年（亿元）	2015年末（亿元）	规模变化	排名变化
33	民生加银	602	549.52	-147	下降1位
34	华福	589	722.66	-133	上升1位
35	华商	578	621.1	-43	上升2位
36	宝盈	556	793.33	-237	下降8位
37	国寿安保	533	570.03	-37	上升2位
38	长盛	531	489.56	42	上升3位
39	长信	517	488.94	28	上升3位
40	上银	507	435.53	72	上升6位
41	平安大华	460	384.61	75	上升7位
42	中融	450	391.31	59	上升5位
43	信诚	434	471.34	-37	持平
44	海富通	410	469.88	-60	持平
45	申万菱信	380	494.2	-115	下降5位
46	浦银安盛	374	348.07	26	上升4位
47	国联安	352	441.05	-89	下降2位
48	中加	334	174.88	159	上升15位
49	光大保德信	329	745.47	-416	下降16位
50	东方	311	283.83	27	上升3位
51	前海开源	310	224.2	86	上升10位
52	新华	306	343.62	-38	下降1位
53	银河	305	617.35	-313	下降15位
54	泰达宏利	303	358.04	-55	下降5位
55	中海	302	303.07	-1	下降3位
56	国金	267	240.72	27	上升3位
57	摩根士丹利华鑫	262	210.85	51	上升5位
58	东方红资产管理	249	275.26	-26	下降4位
59	金鹰	221	111.04	110	上升10位

续表

排名	基金公司	2016年上半年（亿元）	2015年末（亿元）	规模变化	排名变化
60	国海富兰克林	202	257.53	-56	下降3位
61	方正富邦	194	92.41	102	上升13位
62	德邦	192	221.07	-50	下降4位
63	万家	186	262.68	-77	下降8位
64	安信	165	258.38	-93	下降8位
65	华富	159	234.31	-76	下降5位
66	汇丰晋信	139	103.98	35	上升6位
67	鑫元	130	141.27	-11	下降3位
68	东吴	130	90.07	40	上升7位
69	泓德	130	104.65	25	上升2位
70	新疆前海联合	121	134.21	-13	下降5位
71	金元顺安	117	13.91	103	上升27位
72	信达澳银	114	107.38	6	下降2位
73	财通	97	56.27	41	上升6位
74	永赢	86	112.61	-27	下降6位
75	泰信	80	119.33	-39	下降8位
76	嘉合	73	121.23	-48	下降10位
77	中信建投	73	57.43	16	上升1位
78	北信瑞丰	71	34.35	37	上升9位
79	九泰	69	79.01	-10	下降3位
80	创金合信	68	44.12	24	上升5位
81	浙商	62	52.13	9	持平
82	泰康资产管理	53	33.19	20	上升6位
83	中银国际证券	50	—		
84	天治	48	52.2	-4	下降4位
85	圆信永丰	47	14.19	33	上升11位
86	西部利得	47	93.86	-47	下降13位

续表

排名	基金公司	2016年上半年（亿元）	2015年末（亿元）	规模变化	排名变化
87	东兴证券	45	4.8	40	上升13位
88	山西证券	40	28.1	12	上升2位
89	富安达	34	45.06	-11	下降5位
90	中科沃土	33	—	—	—
91	诺德	31	17.2	14	上升3位
92	华润元大	30	39.76	-10	下降6位
93	英大	27	50.48	-23	下降10位
94	长安	25	65.21	-40	下降17位
95	江信	21	29.19	-8	下降6位
96	益民	21	28.07	-7	下降5位
97	红塔红土	18	21.63	-3	下降4位
98	国开泰富	14	11.81	2	上升1位
99	中金	14	51.43	-38	下降17位
100	浙江浙商证券资管	11	13.96	-3	下降3位
101	新沃	10	22.47	-12	下降9位
102	华融证券	5	17.14	-12	下降7位
103	东海	3	2.65	0.02	下降1位
104	金信	2.15	—	—	—
105	国都证券	2.04	3.82	-1.78	下降4位
106	红土创新	1.96	1.82	0.14	下降3位
107	华宸未来	0.18	0.37	-0.19	下降3位
108	中原英石	0.10	0.13	-0.03	下降3位

"从这张表中可以看出，规模在100亿元以上的基金公司排名比较稳定，而且业绩也有保证。而规模在100亿元以下的基金公司资产变动大，也就是蕴含一定的清盘风险。规模在1000亿元以上的基金公司，其主要任务就是保规模了，所以业绩相对稳定，但业绩拔尖的也

不多。只有那些规模在 100 亿元至 1000 亿元的基金公司，没有清盘的风险，而又要努力争取进入千亿行列，所以这其中往往会跑出相对优秀的基金，我们就要选这样的基金。"

"我们为什么要按规模来选基金呢？"安妹问。

"规模是基金的盈利之本，基金的收入不是按业绩来分配的，而是按规模来提取管理费的，所以基金公司都有做大规模的冲动，但规模太大也有业绩上不去之虞。而基金业绩不好，投资者就会'用脚投票'。所以单个的基金做到一定规模时，我们会发现，他们会控制申购数量，以控制一下基金的规模，维持好业绩的高增长，以吸引投资者投资其基金甚至其基金所在的基金公司的其他基金。但单个基金规模太小也不行，太小了基金管理人员收入太低，就没有激励作用了。所以我觉得单个的基金规模一般在 1 个亿以上、30 个亿以下为好。当然，单个基金的选择不仅仅是规模，还有基金排名、基金经理等多方面因素。"

◇ 编后语

船小好调头，一味地去追求大基金，不是合理的选择。船大好顶浪，小基金抗压能力弱，也不是普通投资者可以把控得好的。因此，规模适度的基金才是一种较好的选择。

第三节 基金排名

> 名次不代表绝对地位，但也十分重要。
> 问：基金是怎么排名的？
> 答：基金可以分为近三个月的排名、近六个月的排名等，这些数据各大网站都可以查询。也有专门的机构去给基金评级，三年五星和五年五星是比较好的了。

"如果查找基金排名呢？"安妹问。

"基金排名有多个网站可以查询，譬如晨星基金网的基金评级，可以设定一些条件，如开放式基金、三年五星、五年五星、标准混合等，然后点击'查询'，符合条件的基金就会全都跳出来，然后你可以根据表格上的条件点击，选出的基金就会自动排序，如按'今年以来的回报'排序，就点表格上的'今年以来的回报'，如按'单位净值'排序，就点'单位净值'。这个网站用起来非常方便，但不足之处是有的查询要注册会员才能查询。虽然注册会员是免费的，但总是让人感觉很麻烦。另外，条件选择也有可能使一些真正优秀的基金由于不符合一两项条件而漏掉，所以这个网站我一般只做选基金的参考。还有一个原因是，有的新基金业绩往往由于符合近期市场热点而业绩出众，但由于时间短，达不到评星要求，结果往往会在排名中被遗漏，使我们与好基金失之交臂。这也是我弃用晨星基金网的一个重要原因。虽然现在它已有所改进，但我觉得还是天天基金网的基金排名更好用。"

"基"不可失——教你实现"1个亿"的小目标

"天天基金网的排名有什么优点？"安妹问。

"天天基金网的基金排名一个最大的优点是即时更新。当然即时更新既是优点也是缺点，优点是能够准确地判断哪些基金符合市场热点，哪些基金的基金经理水平较高，但由于数据更新快，很多基金面孔也是不断变化，令人难以选择。"

"那你是如何选择的呢？"安妹问。

"我一般每个月看一次基金排名，看排名先看近三个月的排名，然后看近六个月和近一年的排名，找出排名靠前的五十只基金，看哪个基金公司入榜数量最多，然后在入榜最多的基金公司中寻找明星基金经理管理的基金，作为备选基金关注。当然，我也不是频繁地换基金，有些基金选好后只是关注，这样一旦自己手中的基金不行了，才要换关注很久的其他基金。"

"你这样说太笼统了，能不能举一个例子。"安妹说。

"好的，你可以看一下近期的基金排名。近三个月前五十名中有五家基金公司至少有三个基金进入前五十名，它们是大摩（五个）、前海开源（四个）、国泰（三个）、国投（三个）、万家（三个）等。而在近六个月前五十名中只有一家基金公司至少有三个基金进入前五十名，它就是国泰基金管理公司，而且其公司有九个基金进入前五十名。在近一年前五十名基金中，国泰有六个基金，大摩有三个基金，长信有三个基金，长城有三个基金。这样我们就可以将国泰基金公司的基金作为重点选择对象，而将大摩和长信等作为备选对象。我们可以再参考一下成立来的基金排名，国泰基金在22只年化收益20%的基金中也占有两席，这就说明国泰基金业绩一向优秀，可作为基金选择的重点对象。而备选基金公司中，名单可以延长，譬如我以前选的兴业全球、民生加银、汇添富、富国等，都可以作为重点对象加以观察。"

"你说的是最优选择吧，如果有人不愿意承担大的风险，希望每年能稳定地赚10%左右，有没有这样的基金呢？"安妹问。

"当然有，不少纯债基金风险小，也能赚到年化收益10%左右，但这些纯债基金的缺点是业绩不稳定。我发现一只基金，是专门打新股的，业绩比较稳定，基本上能每个月赚一个百分点左右，一年赚10%是不成问题的。它就是汇添富达欣A，我们知道，现在新股上市就是翻倍的涨幅，有的甚至翻几倍，所以汇添富达欣A的收益是有保证的，它唯一的风险是持有股票的市值变化，因为新股中签是要以市值作为申购基准的，所以无论网上打新股或网下打新股，都要持有二级市场股票市值。汇添富达欣A虽然持有二级市场股票市值，但仓位较轻，基本上没超过10%，而且持有的股票都是价格波动较小、业绩稳定的银行股、医药股、电力股等，这些股票向下空间小、向上空间大，所以除了中签新股贡献的收益，持有市值也能相应地贡献部分收益。这样它的业绩就有保证了。我观察了它几个月，除发行期那段时间有波动外，后面几个月，基本上是每个月有1%的收益，买这个基金比存银行划得来得多，只是很多人不去研究、没有发现它罢了。但这个基金不属于我们研究的对象，我们还是要追求每年20%以上的收益。"

"我可以做两份投资，一份按照亿万富翁计划坚定不移地投资下去，一份就做这种风险小的投资，满足日常生活的需求。你看可以吗？"安妹问。

"随你的便。每个人风险偏好不同，自然会有不同的投资选择，但选基金还是要好中选好，并且不断观察它的业绩变化情况，同时拿其与备选基金每周进行比较，看谁的盈利能力强。我也选取了五六只基金，每周计算它们的周收益、月收益和年收益，以确保选到最好的基金。当然，做这些功课也不需要费太多的力气，你只要每周六将这几个基金的净值找出来，然后用计算器算一下就行了。功课虽少，但不可不做，每周做一做，形成习惯就好了。如果偷懒不做，很可能会铸成大错。"

"嗯，我也要向你学习。"安妹说。

"基金排名除了天天基金网外，还有和讯基金网、数米网、中国基金网、展恒基金网等,有的网站数据比天天基金网还要全,分析还要到位,如和讯基金网,除了基金排名,还有分红次数、中介公司评价等,但具体找哪个网站,要看每个人的喜好。我觉得你只要找准一个网站就行了,看的网站多了,反而无所适从,而且浪费时间。真正要找到好基金,还是要靠我们自己去归纳、去总结、去计算,而不是相信基金网站的推荐就完事。我常常见到,有的人根据基金网站的推荐去买基金,结果却被套住了、把钱亏进去了。就是因为他们偷懒,不去客观分析,而是被这些基金暂时的好业绩所蒙蔽。所以好基金还是要靠综合分析,要靠千挑万选,其中,好的基金经理尤其重要。"

◇ 编后语

互联网时代,运用好各类专业网站的工具,可以为投资者省不少心。但尽信书不如无书,不同网站有各自的特点,不能完全依赖它们。

第四节 明星经理

> 选基金其实就是选人、选明星基金经理。
> 问：如何选出明星经理？
> 答：媒体每年都会进行评选，这可以作为参考之一。更好的方法是，自己去总结归纳经理们的历史战绩，优中选优。

"我也听说选基金实际上就是选人，选对人就能赚钱，选错人就会亏钱。但如何选人呢？"安妹问。

"选基金其实说穿了就是选择一个好的基金经理，好的基金经理由于操盘水平高，他们掌管的基金一般走得比别的基金要强，选中这样的好基金就可以放心大胆地睡觉了，不用去管了。但好的基金经理不是谁说好就是好的，而是要靠过往的业绩说话的。譬如前面我们通过排名找出来的国泰基金管理公司，他们公司的好基金就很好，自然，也有几个好基金经理，如杨飞、周伟锋等。有人给他们送了一个称号：'明星基金经理'。"

"如何找到明星基金经理？在网上找吗？"安妹问。

"网上也能找到一部分，但却不足为凭，因为有些文章是基金公司雇人写的，要找到真正优秀的明星基金经理，还是要靠我们自己统计。统计的渠道有三个，一是晨星基金网三年五星和五年五星的基金，将管理它们的基金经理找出来。二是中国证券报每年都要评金牛基金和金牛基金经理，我们将他们也统计进来。三是每年排名前五十名的基金，他们的基金经理也统计进来。有了这些名单后，再按上榜率和业

"基"不可失——教你实现"1个亿"的小目标

绩给他们排个序,从而找出最好的基金经理。"

"这样做不是很麻烦吗?"安妹说。

"是的,开始做是很麻烦,但做过一次以后,今后再做起来就会相对简单一点了。譬如以最近三年为例,我们可以找到这样一些优秀的基金经理,中邮的任泽松,他管理的中邮战略新兴产业混合基金2013年盈利80.38%,同类基金中排名第一;2014年盈利57.29%,同类基金中排名59位;2015年盈利106.41%,同类基金中排名13位。他管理的中邮核心竞争力混合基金2015年盈利100.96%,同类基金中排名18位。汇添富的朱晓亮,他管理的汇添富民营活力混合基金2014年盈利27.94%,同类基金中排名340位;2015年盈利108.83%,同类基金中排名11位。他管理的汇添富消费行业混合基金2014年盈利22.21%,同类基金中排名403位;2015年盈利81.97%,同类基金中排名51位。他管理的汇添富均衡成长混合基金,2015年盈利60.76%,同类基金中排名166位。华商的刘宏,他管理的华商价值精选2013年盈利33.83%,同类基金中排名54位;2014年盈利39.48%,同类基金中排名187位;2013年盈利92.77%,同类基金中排名27位。他管理的华商盛世成长2014年盈利22.05%,同类基金中排名405位;2015年盈利85.87%,同类基金中排名41位。他管理的华商创新成长灵活配置基金2015年盈利85.40%,同类基金中排名42位。富国的魏伟,他管理的富国低碳环保混合基金2013年盈利163.96%,同类基金中排名第三;他管理的富国新兴产业股票基金成立不到一年,盈利48.60%。易方达的宋昆,他管理的易方达科讯混合基金2013年盈利51.80%,同类基金中排名13位;2014年盈利4.55%,同类基金中排名564位;2015年盈利95.17%,同类基金中排名24位。他管理的易方达新兴成长灵活配置基金2014年盈利16.99%,同类基金中排名147位;2015年盈利171.78%,同类基金中排名第一。他管理的易方达创新驱动混合基金成立不到一年,盈利28.90%。"

"你有这样一份明星基金经理的大名单吗?"安妹问。

"有啊,现在活跃在各大基金公司的明星基金经理有:中邮创业的任泽松,汇添富的欧阳沁春、陈晓强、朱晓亮,华商的梁永强、刘宏,富国的魏伟、朱少醒,易方达的宋昆,华宝兴业的楼鸿强,长信的宋小龙,长盛的翟彦垒、赵宏宇,浦银安盛的蒋建伟、吴勇,民生加银的孙伟、宋磊,兴业全球的傅鹏博、董承非、谢治宇,宝盈的彭敢,国泰的周伟锋、杨飞,国投瑞银的董晗、陈小玲,益民的黄祥斌,广发的刘晓龙、易阳方,诺安的刘红辉、杨谷,中银的史彬、陈军,嘉实的杨宇,华夏的阳琨、方军,长城的杨建华,工银瑞信的刘天任、王烁杰,财通的金梓才、赵艰申,国联安的潘明,嘉实的邵秋涛,富安达的孔学兵,大成的魏庆国、焦巍,交银施罗德的唐倩,融通的刘格菘,上投摩根的卢扬、孙芳,大摩华鑫的周志超,东吴的戴斌,华富的龚炜、陈启明,华泰柏瑞的方伦煜,汇丰晋信的李元博,建信的姚锦,金鹰的方超,金元顺安的晏斌,景顺长城的余广,南方的杨德龙、罗文杰,农银汇理的凌晨,诺德的陈国光,鹏华的王宗合,泰信的戴宇虹,新华的崔建波、李会忠,信诚的张光诚,银华的王华,招商的吴昊、王忠波,中欧的曹剑飞,博时的丛林,东方的张洪建,方正富邦的沈毅,国海富兰克林的徐荔蓉,华安的崔莹、翁启森、陈逊,上海东方的杨达治,泰达宏利的刘欣。当然,还有一些,也许我没有统计进来,也许不符合我的选基标准。反正每个人统计的口径不同,名单也就会有些差异。但将这样一份名单整理出来,投资基金就变得相对容易一点。也就是说名单之中的人管理的基金买起来放心一点,名单之外的人管理的基金还是谨慎投资为好。当然,也不是名单之中的人管理的基金会一直好,如中邮的任泽松成为明星基金经理后,公司给他加码,他现在管理的基金达七只之多,自2016年以来的业绩就不尽如人意了。所以名单之中的人,他们所管理的基金也要经常审视,从基金排名中再优中选优。此外,挑选明星基金经理时还有一个问题要注意,就是某个基金,一个明星基金经理搭配一到两个非明星基金经理，这样的基金我也是不选的。因为配明星基金经理可能是为了吸引投资者注意，真正的管理者是非明星基金经理，结果你买了它，就会踩中地雷，不仅业绩不尽如人意，稍不留意，还有可能会产生亏损。"

"明星基金经理管理的基金就一定赚钱吗？"安妹问。

"也不一定，但业绩比非明星基金经理管理的基金肯定要好一点。如果以五年为一个周期，他们的基金肯定赚钱，而且年化收益应该在10%以上。非明星基金经理管理的基金业绩就难有保证了。当然，在大盘见顶后下跌的一年内，就算是明星基金经理管理的基金也会有亏损，这样的时间段我们应该回避，而不能相信明星基金经理就一定能逃过股市中的系统性风险。"

"有的基金常会换基金经理，如基金一哥王亚伟和基金一姐王远茹都奔私募去了，他们离开了所管理的基金，我们投资他们的基金是不是也要换？"安妹问。

"当然，但中途换将和中途换基金不仅对基金公司，而且对投资者也是一个不小的损失。所以我们最好找那些不大换基金经理的基金公司。持有一个熟悉的基金比临阵换基金要划算得多，赚得也更多。"

"哪些基金公司的明星基金经理安心工作，不大容易离职远走高飞呢？"安妹问。

"就是那些实行事业部制管理体制的基金公司。"刘跃说。

编后语

明星经理也不是万能的，系统性风险来了的时候一样要回避。而那些多人管理的基金，更是要仔细辨别。

第五节 事业部制

> 有些公募明星经理,是不会轻易去私募的。
>
> 问:什么是事业部制?
>
> 答:通俗地说就是承包制,既可以调动明星经理的积极性,也可以保证其忠诚度。目前仅有九家公司实行了事业部制。

"什么是事业部制?"安妹问。

"事业部制起源于美国,20世纪20年代初,美国通用汽车公司收购了不少小公司,随着企业规模的扩大和产品种类的增多,内部管理很难理顺,当时通用的常务副总经理斯隆决定对企业进行改组,成立各个事业部制,其主要特征是:决策权并不完全集中于公司最高管理层,而是分权给事业部,有利于它们统一管理、独立核算。而公司高层也摆脱了日常事务,能集中精力进行重大决策研究。事业部制使通用汽车公司获得了较大的发展,所以有人又将事业部制称为'斯隆模型'。事业部制的优点:一是独立性强。每个事业部都有自己的产品和市场,能够规划其未来发展,并能对市场出现的新情况及时做出反应。所以,这样的组织结构既有高度的稳定性,又有良好的适应性。二是权力下放。最高层领导可以摆脱日常事务的缠绕而专心于做出重大决策,这样总体思路更清晰。而各事业部也能围绕集团决策充分发挥积极性和创造性,从而提高整体的效益。三是发现人才。事业部经理虽然只负责一个比所属企业小得多的单位,但由于自成系统,独立经营,相当于一个完整的企业,所以也要经受市场各种考验,而在市场考验中能够培养和发现优秀人才。四是独立核算。事业部作为利润中心，易于评价事业部及经理工作效率，由此在各事业部有比较、有竞争的机制下，容易增强企业活力，促进企业全面发展。五是价值发现。各事业部经理在竞争中能够较好地实现自我价值，体现自己的能力和水平。当然，事业部制也有一定的缺点：一是容易滋生本位主义；二是增加了管理费用；三是对集团总部工作要求较高，否则就容易发生失控现象。因此，在建立事业部制过程中，集团也应相应地建立资源共享机制、业务交流机制和事业部制之间的相互合作机制。简单地说，事业部制就相当于我们常说的承包制。"

"承包制确实能调动人的积极性，尤其是能人的积极性。"安妹说。

"事业部制不完全等同于承包制，但对优秀基金经理是一个能力的肯定。因为实行事业部制实质上就是将以前的按资分配转移成按人分配，以人为本，做多少贡献拿多少报酬。如前海开源实行一个基金经理对应一个事业部，一个事业部包括基金经理、基金经理助理和研究员等，形成一个团队，团队的收入除交够公司的比例外，剩余部分由基金经理负责分配。中欧基金则实行事业部独立核算，在基金的管理费中，公司与事业部按六四比例分成，公司拿六，事业部拿四，事业部核心人员拥有独立用人权和薪酬奖金分配权。正因为事业部给每个基金经理很大的支配空间，包括人的使用和财富的分配，这就促使优秀的基金经理充分发挥自身的价值，以良好的业绩来回报投资者，吸引投资者投资，从而创造出更大的价值。"

"这么好的政策，应该在基金公司中推广啊。"安妹说。

"非常遗憾，到目前为止，公募基金还只有九家公司实行了事业部制，他们是招商基金、国泰基金、前海开源基金、中欧基金、九泰基金、国金通用基金、创金合金基金、融通基金、民生加银基金，另外还有几家实行的是类似事业部制的机制，并不是完全的事业部制。为什么事业部制难以推广呢？因为推广事业部制就意味着大股东要放弃既得利益，而且事业部制的效果好不好现在还很难断定，所以大多数基金公司对事业部制还在观望之中。而老牌基金公司国泰基金大股东中国建投愿意放弃既得利益去改革，也为业界所称道。其实基金公司没有适不适合事业部制改革的问题，关键是看基金公司是否有足够的动力去改革。在目前人才流动加大、人才不缺的状态下，大部分基金公司改革的动力都不足。"

"实现事业部制的效果如何？"安妹问。

"实现事业部制的基金公司，人才流失的情况明显得到遏制，而且在研究基金投资的人群中，也有人有意地去找实行事业部制的基金进行投资，尤其是实行事业部制而又有几个明星基金经理的基金公司，更受到人们的青睐。因为人们投资基金都是冲着明星基金经理去的，如果投资一个明星基金经理的基金，没多久明星基金经理却辞职了，或者明星基金经理辞职很久投资者才知晓，那么此基金的业绩肯定会打折扣，而投资者的投资也会因此受到损失。所以成熟的基金投资者总是找那些能够留得住明星基金经理的基金公司的基金进行投资。"

"基金经理辞职情况多吗？"安妹问。

"当然多，随着新基金公司的不断审批，基金业为优秀人才提供的机会也越来越多，导致不少明星基金经理辞职另谋高就，如基金一哥王亚伟、基金一姐王茹远就是这方面的代表。据《证券日报》基金新闻部根据 WIND 资讯数据统计显示，2009 年至 2014 年公募基金行业基金经理离职人数依次为 86 人、105 人、107 人、110 人、137 人和 213 人，公募基金行业的人才流失现象逐年加重。当然，以前基金经理的流失主要去向是公奔私，因为私募基金有更灵活的机制、更优惠的分配机制。但 2015 年股灾后辞职的明星基金经理更多的还是公奔公，即到新成立的公募基金公司去任职，尤其是实行事业部制的新基金公司去任职，因为股灾的风险也让这些明星基金经理认识到，私募基金不是那么好做的，不如到公募基金任职，旱涝保收。如果在公募基金有更好的激励机制，能够更好地实现自我的价值，明星基金经理又何必到私募基金中去冒险呢？现在实行事业部制，听说以前奔私的一些明星基金经理都想回公募基金，有的私募基金也想私转公，以更好地抵抗市场的风险。"

"看来我们也要在实行激励机制科学的这九家基金公司中去挑选基金啊。"安妹说。

"当然，我现在重点就在这九家基金公司选好基金，譬如国泰的杨飞，你看他管理的几家基金，现在都在同类基金中排名靠前，选他管理的基金长期投资，安全、放心，而前海开源、民生加银近年来因业绩优秀也成了我的备选基金。我相信，随着实行事业部制的基金公司业绩的逐渐凸显，基金公司为了挽留和吸引住优秀的人才，将会根据自己公司的情况，更多地研究出适合自己公司的事业部制。当然，当前的事业部制也还有缺陷，还需要完善的配套制度。但不管怎么说，这一步既然迈出来了，就是我国基金业的一大进步，也为我们选基金提供了更好的参考。"

◈ 编后语

基金经理也是普通人，他们也会去考虑自己的事业前景。有良好的激励机制自然会留住人才，而这些基金公司就是我们要选的。

第六节　具体操作

> 别瞧不起那点手续费。
> 问：怎么去买基金？
> 答：投资者可以通过银行、证券公司、基金网站去买基金。但最好的选择，是去基金公司的官网上买，安全方便还有优惠。

"我也买了国泰金龙行业精选混合型基金。"安妹说。

"国泰金龙行业精选混合型基金符合我的选基金的标准，首先是国泰基金公司的规模目前才 600 多亿元，正好符合我的选基金公司的标准千亿元以下、百亿元以上。其次是国泰基金公司是实行事业部制的老牌基金公司，有改革的魄力，这一点我非常喜欢。最后是其基金经理杨飞所管理的几个基金都排名靠前，如国泰估值优势、国泰中小盘、国泰金龙等，说明杨飞的操盘能力很不错。目前来看，国泰估值优势还要好于国泰金龙，但它们的盈利水平基本上不相上下，所以我们不要为一点点业绩的差别而换来换去。我不知道你是如何买的？是不是按照我说的在基金公司官网上注册，绑定银行卡后充值，然后转换成国泰基金的？"刘跃问。

"是的，我是严格按照你说的方法操作的。"安妹说。

"那就好。我常常告诉别人买什么基金，并告诉他如何买，结果很多人只听前面一段话，后面就不听了，结果无端增加了成本，他们说这点手续费算不了什么。事实上，手续费低一点，以后操作起来更灵活。譬如我买基金一般都是跌下来后买的，当然也有看错大盘趋势的，

"基"不可失——教你实现"1个亿"的小目标

当我意识到大盘趋势看错、大盘还未到底时,我就会果断出来。如果没有手续费,我就会在保本的时候及时退出来,而有的人虽然跟着我同时买的,但他有手续费,有时候就只能割点肉离场了。"

"你说的是投资基金渠道的选择吧,说来听听。"安妹说。

"投资基金的渠道有很多,有基金公司官网,也有银行、证券公司,还有民营的各种基金投资网站等,这样很多人为图方便,随便找家银行或在网上找家基金投资网站就买基金了。事实上,这样做不仅增加了投资成本,而且增加了投资风险。以银行为例,虽然通过银行投资基金比较安全,但银行收的手续费也不低。以国泰金龙为例,在银行买,有的银行手续费打四折,就只收本金的0.6%的手续费,有的银行根本不打折,就要按基金合同收1.5%的手续费,而赎回基金,0.5%是没有商量的。而在国泰基金官网上购买,如果是货币基金转换成国泰金龙混合型基金,手续费是免费的。而赎回基金,国泰金龙转换成货币基金,也只收0.2%的手续费。证券公司也是一样的,基本上申购都是0.6%的申购费,0.5%的赎回费。正因为银行和证券公司手续费高,所以现在一些民营基金投资网站异军突起,他们的手续费很低,基本上是打1折,有的基金也免手续费,而且能够在不同基金公司的基金间进行相互转换。但我对这些基金网站总是不大放心,因为他们是民营的,万一哪天他们突然从网上消失或者被查处了,我们投资基金的钱到哪儿去找?虽然基金公司也有投资记录,但费尽周折才把钱找回来,最终也是得不偿失的吧。就算他们不跑路,一直存在,但手续费1折,也比基金公司官网高一点啊。所以在基金投资上,我始终只相信基金公司官网,虽然投资不同基金公司的基金需要在各个不同的基金公司注册,看起来比较麻烦,那也只是注册麻烦一点。如果都注册好了,以后操作起来是很容易的,并不如人们所想象的那么麻烦。譬如我在银河基金公司和国泰基金公司都开了户,如果两个基金公司绑定的都是同一张银行卡,那么操作起来是很方便的。我要将银河基金公司的钱转到国泰基金公司,只需要赎回银河基金公司的基金，然后充值进国泰基金公司就行了。由于这两家基金公司都有快速取现功能，所以从一个基金公司转到另一个基金公司，分分钟就能搞定，而且坐在电脑前操作就行了，根本不用去银行。其实基金公司的注册也不麻烦，我们可以百度目标基金公司，譬如在国泰基金公司开户，只要百度'国泰基金管理有限公司'，然后点开国泰基金管理有限公司的官网，再点'网上交易'，再点'注册'。注册页面出来后，根据提示一项项填好就行了。完成注册后再修改个人资料，然后绑定一张带网银的银行卡就行了。需要操作时，点'登录'，然后按要求填写账号和密码，进入账户，再点'充值'。充值时，有的银行卡比较方便，不再需要网银的U盾，有的银行则每次充值都需要U盾。但需不需要U盾，是银行的规定，与基金公司官网是无关的。充值进基金公司的钱，基金公司是按货币基金的形式存放的，所以进基金公司的钱，要一天以后成为货币基金才能免费转换成混合型基金，否则还是要收手续费的。因为没有成为货币基金就等于还是用银行卡在买基金。这一点一定要注意。当然，由于充值进基金公司的钱是以货币基金计算收益，比银行一年期定存收益还要高，所以我建议不用的钱都充值进基金公司，反正基金公司有快速提现功能，需要用钱时点'快速提现'就行了，几分钟钱就到银行卡上了，比放在银行卡上收益要高得多，也要安全得多。更重要的是，遇到股市大跌时能够免手续费迅速地转换成混合型基金。为什么不采用这种方式呢？"

"以前不知道有这样好的资金存放方式，钱都放在银行卡上了。现在你告诉我后，我将钱全部都转到国泰基金公司里面了。"安妹说。

"除了应急的钱，其他资金最好都转换成国泰金龙基金存放，因为混合型基金的收益是很高的。现在从5178点顶点跌下来已经一年多了，市场风险已经基本释放，而国泰金龙在杨飞的管理下，在震荡市也是能够赚钱的。你看它近六个月来，收益已经超过30%了，而近六个月来大盘指数还是下跌的，这样一比较，你就知道明星基金经理有多厉害，也知道该如何存放自己的资金了。"

"基"不可失——教你实现"1个亿"的小目标

"嗯,听你的,我明天就去转换成国泰金龙基金。"安妹说。

◇ 编后语

1%看似不起眼,但如果体量大又或者操作频繁,造成的影响就不小了。找出最好的选择,买了就装死。

第七节　注意事项

> 自己不努力，难以有收益。
> 问：基金投资还有哪些注意事项？
> 答：自己找好基金，选对投资渠道，回避杠杆陷阱，适度分散资金，把握操作时机，一定要在理解的前提下，记住这些要点。

"基金投资虽然是借智理财，借专家的智慧理财，但仍有一些问题需要注意。"刘跃说。

"需要注意些什么问题？"安妹问。

"这些问题前面也讲过，只是要再强调一下。一是自己选基金，不偏听偏信。很多人投资，选股票选基金都靠别人推荐，自己不动脑筋。他也不想想，如果大家都靠推荐的股票或基金赚钱，那谁亏钱呢？我有时到银行办业务，银行的理财经理常常向我倒苦水，给客户买的基金都亏了。我问他：'那些基金都是你自己选的吗？'他说不是，是上面公司的专家推荐的。我跟他说，基金投资一是选时，二是选基金。做不到选时，选基金就很重要。同时买两个基金，一个基金可能赚了10%，另一个基金可能会亏10%。所以选基金不能偏听偏信，而是要自己选择，要用大量的数据来支持自己的选择。他说上面公司有任务啊。我说：'有任务也不行，你必须对客户负责。否则，你如何面对亏损的客户？而且这些客户天天与你见面，你自己的压力得有多大啊。'我给他推荐了国泰金龙、国泰估值优势。你可以看看，最近六个月，他们的收益都超过了30%，而指数却没怎么涨。更重要的是，最近六个月，还有不少基金是亏损的，最多的亏了10%以上。这样一比较，你就知道选基金是多么的重要了。当然，如果能够配合好的入市时机，那么投资收益还会更高。所以我们选基金还是得靠自己，要按照我讲的方法去选基金，还要多作统计、多作比较，从比较中优中选优。别人的推荐只能作参考，包括我给你的建议，你也要多研究一下，也许，你研究后可能会选出比我选的基金更好的呢？二是选好投资渠道，保证资金安全。也就是只在基金公司的官网上做基金，这是我多次强调的。但有的人就是不信这个邪，觉得蚂蚁金服、天天基金网、数米网等比我说的基金公司官网还方便，我也不好说什么了。蚂蚁金服、天天基金网、数米网等基金投资网站虽然有不同基金之间转换方便的优势，而且申购、赎回的手续费也很低，但我心里总是不踏实，因为这些网站毕竟是民营公司开办的，搞得不好就可能出麻烦，而我的投资又讲究简单、明了，不希望以后惹出个麻烦而去劳心费力。而基金公司官网，说穿了就相当于一个小型银行，有的基金公司管理的资产上百亿元、上千亿元，出了问题影响的就是千家万户，而且基金公司是国家批的，所以为了社会稳定，基金公司绝对不会出问题，即使有问题，国家也会采取并购等手段让别的基金公司接手。所以我们的钱放在基金公司才是绝对安全的。当然，国家对基金的投资也采取了相应的安全措施，如三方存管，基金只负责操作，资金是放在银行的，所以我觉得只有将钱投在基金公司的官网里才是最安全的。我以前强调过，投资第一位的是资金安全，只有在安全的前提下才能谈得上赚钱。资金都不安全了，谈何赚钱？一不小心，就可能血本无归了。三是带杠杆的基金不做。什么是带杠杆的基金，就是分级基金的B类。有人说：'为什么不能做呢？这样的基金赚钱不是更快吗？'确实，我在分级基金的投资上赚过大钱，两倍盈利啊，曾经看着自己买的分级基金B类天天涨停，然后上折。但我也见过有人买了分级基金B类后在股灾中天天跌停出不去，结果基金份额下折，资产十去七八。自从见识过这种风险后,我就发誓再也不做这种带杠杆的基金了,风险太大了。一次下折要四五次上折才能扳回本,遇到一次下折后,回本谈何容易啊。有人说,下折前我逃出来啊,我只在上涨中做。其实股市中的上涨和下跌,谁又能百分之百算准呢?带杠杆的产品,不怕你再狠,只要错一次,就有可能元气大伤甚至血本无归,我们何必冒这个险呢?投资是慢工出细活,只要按照我的投资计划,每年赚20%以上,40年成为亿万富翁是铁板钉钉的事,关键是中途不要出错。而操作分级基金B,就极有可能中途出错。因为你赚钱的时候就会越赚越想赚,亏钱的时候就会想着扳本。结果无论是赚钱还是亏钱,你都不想远离分级基金B,这样只要遇到一次下折机会,你的资产积累就又得从头来过。当然,分级基金B也不是完全不能做,当市场出现分级基金的无风险套利时,此时我们就可以做一把,不过,做无风险套利时要坚决果断,并且要快进快出,即使出现亏损也要果断清掉,绝不可小亏拖成大亏,造成无法收拾的局面。四是分散投资。分散投资倒不是投资不同风险的品种,那样就达不到我们追求的年收益20%以上的目标了。分散投资主要是为了防止巨额赎回无法全部赎回的风险。因为在有些时候,基金公司为了自身的安全,规定巨额赎回每天赎回的量,譬如100万元以上,就可能不一天赎回,而有可能延期赎回。这样,我们为了防止这个风险,就要适当地分散投资。我觉得每个基金投资不超过100万元。100万元以下无所谓分散投资,我们可以将资金集中投资在一只基金上,以分享其较好的投资收益。100万元以上则要适当分散,每个基金投资不宜超过100万元。另外,以后钱赚得多了,投资于每个基金公司上的钱,最好也不要超过500万元,因为每个基金公司最优秀的混合型基金,也只不过五六个,钱多了适当地分散在几个基金公司,可以有效地防范风险并较好地赚到理想的投资收益。"

"还有一个投资时机的选择吧?"安妹问。

"是的,最好的投资时机是在大盘跌到620周均线下全仓介入,但大盘见顶后下跌一年,此时即使没有跌到620周均线以下,也可以投

"基"不可失——教你实现"1个亿"的小目标

资了。因为明星基金经理管理的基金，只要不是急跌段，都有可能赚钱的，即使是震荡下跌，也能赚钱。以国泰金龙为例，今年3月，大盘指数在3000点上下，六个月过去了，大盘指数还在3000点上下，不少混合型基金挣扎在亏损的边缘，而国泰金龙已经赚了30%多了，圆满地完成了我们设定的年收益20%的目标。其实不仅是国泰金龙，我前面列举的不少明星基金经理，今年近六个月来的收益都超过了20%，这就是明星基金经理的能力和水平。所以当大盘从顶点下来，急跌段跌得差不多时，我们就要果断进场，勇于买套。短期的被套不可怕，只要这个基金中长期盈利能力强就行。"

"刘老师，为什么不用今年以来的投资收益数据呢？"安妹问。

"今年以来的投资收益？今年元月不是有个子丑寅3月的'三连煞'行情吗？元月份两次熔断，我们清仓逃出来的啊。所以，为什么要从年头算起呢？我们应该从寅月结束时算起吧，而3月还有一个日食，日食前有低点，我们应该在3月抄底啊？年初的大跌是在我们的预料之中的，所以那段时间的亏损我们可以不算啊。'三连煞'、日食前有低点，我前面已经谈到过，这些知识要学会运用啊。否则，进出股市的时机还是不能把握得很好的。"

"前面有些知识没有记牢，看来你的这些知识还要反复学习和反复运用啊。"安妹说。

◇ 编后语

在利益的诱惑之下，人往往难以把控好自己。安全和收益，在做决定前都要考虑到，绝对不能偏废。

第八节 加强学习

> 投资的道路上，学无止境。
>
> 问：学习投资为何不能懈怠？
>
> 答：投资市场日新月异，各种新的投资方式层出不穷。保持对新鲜事物的学习，才能更好地保证投资的效益。

"当然，我说的这些东西都是非常实用的，还有一些东西，没有经过实践的反复检验，我暂时还不能告诉你，你将前面我讲的知识应用好，成为亿万富翁的知识已经足够了。当然，学得越多，失误越少，成为亿万富翁的时间就会大大缩短。事实上，除了我教给你的知识，市场上不断涌现的新知识你也得不断学习，不断地加以运用。我开始投资的时代，哪有股票基金啊？后来出现了封闭式基金，刚出现时，我就及时学习，那时一块钱的基金最高炒到十多块。后来封闭式基金回归价值，打折交易，不再有人问津了，才出现开放式基金。开放式基金也是一个逐步摸索的过程，以货币基金为例，刚出现时，它的收益比银行一年期定存还低，无人问津，后来才慢慢转到做银行票据上来，收益逐渐超过了一年期定存，有的甚至超过三年期、五年期定存，货币基金才慢慢吃香。但现在绝大部分居民却不知道货币基金的年收益比一年期定存好，而且支取方便，他们还是把钱在银行。银行年利率1.5%，而通胀率现在是2%，存银行不是越存越亏吗？这就是不学习吃的亏。如果我们学习了基金的知识，就知道一般情况下可以买成货币基金，如果冒点险，就可以买成明星基金经理管理的混合型基金，这样，五年一个周期，平均下来，20%左右的年收益还是有的。如果关注股市大盘，能够逃顶，20%就是铁板钉钉的事。而这些都是学习的结果。我再说一个事，分级基金出来后，我就认真对其进行研究，2014年七八月，我预感到股市会有一波行情，就买了证券B，结果证券B在行情来临时连续涨停并上折，我那一年赚了几倍的收益。但后来的股灾我也预测到了，清仓并劝朋友们出来，结果很多人却不信我的预测，我是看着他们的证券B连续跌停并下折的，损失惨重啊。正因为他们损失惨重，也给我提了个醒，今后我再也不会做这种带杠杆的基金了。还有，由于我对分级基金研究较深，所以2014年12月，当证券B和其他分级基金有无风险套利空间时，我及时退出来做无风险套利，结果有意无意之间回避了大盘下跌的风险。2015年5月，分级基金又出现了无风险套利空间，我做无风险套利又逃过了股灾。所以我觉得无风险套利提示的见顶信号是非常明显的，今后有无风险套利空间时，我还是会做一做的，一方面回避大盘见顶的风险，另一方面也通过无风险套利提高一点收益。如何做无风险套利？你可以找些资料来学习一下。"

"投资要学习的东西还挺多的。"安妹说。

"当然，投资市场有很多新事物，当别人还没有注意、还没有弄懂的时候你首先弄懂，这就会为你提供较好的盈利机会。譬如第一次认股权证的发行、第一次封闭式基金的炒作、第一次权证的炒作、第一次分级基金的炒作等，都是暴富的机会，你抓住了，就是先知先觉。如果你不学习，等大家都搞懂了，你再跟着大家一起进场，那你很可能就会接到最后一棒。接最后一棒的损失是很大的，以封闭式基金为例，如果你在十多元时进去，那么最终会十去七八，因为封闭式基金后来都跌破了净值，很多封闭式基金再也没有溢价交易。也就是说，后来上五元的机会都不曾有过。由此可见，学习与不学习的区别是天壤之别。当然，那些事都是股市过去发生的事，你再也不会去经历那些事了。但今后随着社会的发展，可能基金业也有创新，也会有新的品种出现，而且在基金之外，也有可能出现新的投资品种，并且比基金还要好。这些新品种，就要靠我们去不断地学习、去不断地发现机会。当然，在发现机会、把握机会的过程中，也要坚持一定的原则，即要弄清它的盈利模式是什么，它的风险在哪里，值不值得投资，如何投资才能在降低风险的情况下最大限度地盈利等。只有把这些问题都搞清楚了，才能尝试新品种。否则，还是做保险的投资。毕竟，投资的第一要义是安全第一。"

"刘老师平时看些什么书？能给我推荐一些吗？"安妹问。

"我看的书涉猎很广，文史哲经等都看，所以你看我给你讲的这些东西，虽然表面上说的是一些投资的道理，实际上也是一些生活的道理，如借力使力、知行合一等。这些东西需要你今后在生活中好好地体会。现在由于科技发达，手机快餐文化盛行，很多人都不看书了，我觉得这种生活方式对我们国家、对我们民族的发展都很不利。我觉得手机就如一个'鸦片'，全国人民都好像中毒一样，整天拿着个手机看，这是第三次'鸦片战争'，所以我建议我身边的朋友删除手机上的微信、QQ，少接收一些垃圾信息，多花点时间看些书。当然，我觉得现在很多书也写得不够好，无用的信息太多。所以我们要学会学习，看书要精选书目，要学会将厚书看薄，获取其精华。当然，有不少知识我们也可以通过网络查询来进行学习，但要学会去粗取精、去伪存真。学习还要学会自己动手，譬如投资统计数据的整理和计算，就要自己动手，而不能人云亦云。总之，学会了在学习中动手、动脑，并用心去体会、去研究，长此以往，必有大的收获。这些收获对你的工作和投资是很有帮助的，因为万事万物都是相通的，道理基本相同，你只要用心，那对你今后尽快成为亿万富翁是会有非常大的帮助的。"

"我听刘老师的，少玩手机多看书，多多充实自己。"安妹说。

"今天就到这里吧。我们下次见。"刘跃笑笑说。

"基"不可失——教你实现"1个亿"的小目标

◇ 编后语

不仅是投资,快节奏的社会本身就需要不断地学习。学有所获,心中有底,做事就会得心应手。

◇ 第五章

题外的话

又是一个周末,安妹与刘跃约好,再到茶馆喝茶聊天。

见面后,安妹说:"老师你推荐的国泰金龙还是厉害,如果以周计算,几乎每周净值都有增长,所以我已经按你的方法全部买了国泰金龙了。"

"国泰金龙短期来看涨得是不快,但稍微放长一点时间来观察,你就会发现它还是挺厉害的。净值老是涨,等不得。所以要即知即行,尽快买入。虽然买入后有可能被套,但一两周后,一般就处于盈利状态了。明星基金经理就是明星基金经理,他就是比一般基金经理要强一点。"

"不是强一点,而是强很多。你说的那些数据我去看了一下,发现这个基金真的不错,别人还在亏钱,它却已经赚了30%多。这样此消彼长,差距是很大的。所以对于用它来帮我成为亿万富翁,我信心更足了。"安妹说。

"不仅要有信心,还要有恒心。要持之以恒地投资,不要半途而废,这才是最重要的。"

"是的,我会坚持到底的,就当每月少这1000元工资。老师,今天还有些什么要教我的?"安妹问。

"你要知道的东西前面我都已经说过了,你严格按照前面说的去做就行了。如果还说要教的话，就是一些题外话了。有些东西是强调，有些东西是要注意的，你今后留心这些方面就行了。我要强调的第一点就是不要借钱投资。"

第一节　拒绝杠杆

> 拒绝杠杆，必须反复强调。
>
> 问：为何反复强调不能加杠杆？
>
> 答：杠杆容易让财富加速增值，但更加容易让财富快速消失。带杠杆的投资哪怕做对了一百次，一次失误就可能让你血本无归。

"这一点你在前面已经强调了几次了，我已经十分注意了。"安妹说。

"是的，期货、现货、股票的融资融券、配资以及分级基金等，都是带杠杆的，都不要去做。因为我们不是神仙，这类带杠杆的投资哪怕你做对了一百次，只要一次失误，就有可能血本无归，甚至可能欠下巨债。我们虽然不算太富裕，但一生衣食无忧，没有必要做那些冒险的事。我这里还要说一个我们容易忽略的投资，那就是提前消费，贷款买房或买车。"

"贷款消费在西方不是十分盛行吗？近年来我们国家也开始接受这些理念，买房大部分是按揭、分期付款，这有什么不好？有个故事不是说，天堂里两个老太太相遇，美国老太太说，我住了一辈子的房子，临死前终于把房贷还清了。中国老太太说，我攒了一辈子钱，临死前终于买了一套房子。从这个角度来说，美国老太太的理念还是要先进一点，因为她的房子她享受了一辈子。"安妹说。

"这正是误导人的地方。我也知道借钱的好处，譬如许多企业家都是借别人的钱发家的,有的甚至做到世界第一。但成也萧何、败也萧何。我记得一个典型的例子是,1923年在芝加哥的海岸酒店,一批最伟大的领导人和最富有的商界人士聚会,他们中有美国最大的钢铁公司领导人查尔斯·施瓦布、世界最大的经营公共基础设施的公司主席塞缪尔·英萨尔、世界最大的煤气公司的领导人霍华德·霍普森、世界最大的公司国际火柴公司的总裁埃娃·克鲁格、国际清算银行的总裁利昂·弗雷泽、纽约证券交易所主席理查德·惠特尼、两个最大的股票投机商阿瑟·科顿和杰斯·利弗莫尔、美国第29任总统沃伦·甘梅利尔·哈定的内阁成员阿尔伯特·富尔。25年后,他们中有9人的结局是这样的:施瓦布在度过5年的借债生涯后身无分文地死去,英萨尔破产后死于国外,克鲁格和科顿也死于破产,霍普森疯了,惠特尼和阿尔伯特·富尔刚从监狱里释放出来,弗雷泽和利弗莫尔自杀了。为什么会产生这样的结局?除了穷奢极欲外,他们无一例外的是借债经营。如果不借债,他们的财富不仅自己这一辈子用不完,而且下一辈人也用不完。而这些人,都是赫赫有名的人才,以他们的聪明才智都落得这样一个结局,我们普通老百姓又有几个能比他们强?当然,有人也许会说他们是1929年市场大崩溃和大萧条的牺牲品。事实上,只要不借债,他们的资产就算缩水一半的一半,也足以让他们过上富足的生活。所以我不相信借债致富这类宣传,也不希望普通的老百姓去借债致富。当然,借钱消费我也是坚决反对的。因为只要你借了钱,你就背上一个包袱了,这个包袱在正常情况下也许你能背负得起,而一旦发生不可预知的事件,你就有可能输掉整个人生。我是一个保守的人,我终生奉行的是不借钱,自己有多少钱干多大的事,绝不干超出自身能力的事。就拿买房子来说吧,现在有人常常拿房价上涨说事,说什么你不早买,以后房价上涨你就买不起了。其实,买房子和我们投资基金相比,房价上涨的速度是赶不上基金赚钱的速度的。以长沙市为例,2003年前后房价均价大约在2000元上下,13年过去了,目前房价均价也没有超过1万元,也就是说涨幅最多不超过5倍。而这段时间涨幅超过 5 倍的基金有三四十只,涨幅超过 7 倍的也有二十多只。"说着,刘跃拿出一张表来。

基金代码	基金名称	成立日期	累计净值	累计增幅
000011	华夏大盘精选	20040811	14.4660	1703.37%
070002	嘉实增长	20030709	10.4520	1232.78%
163402	兴全趋势投资	20051103	8.5715	1073.81
160505	博时主题行业	20050106	5.1220	954.72%
070001	嘉实成长收益	20021106	4.2946	941.81%
288002	华夏收入混合	20051117	5.9080	929.79%
020001	国泰金鹰增长	20020508	4.6790	923.39%
040004	华安宝利配置	20040824	4.1660	835.38%
002011	华夏红利	20050630	4.9370	827.99%
161005	富国天惠成长	20051116	4.3978	822.24%
519008	汇添富优势	20050825	6.2112	820.25%
260104	景顺长城内需	20040625	6.6120	816.67%
151001	银河稳健	20030804	4.3774	782.61%
002001	华夏回报混合	20030905	4.0510	780.05%
162201	泰达宏利成长	20030425	3.5634	770.35%
020003	国泰金龙行业	20031205	5.0130	759.39%
100020	富国天益价值	20040615	4.3455	747.16%
240001	华宝宝康消费	20030715	6.8118	745.40%
260101	景顺长城优选	20031024	4.2537	703.66%
519001	银华价值优选	20050927	6.9609	701.23%

注:数据截止日期:2016 年 8 月 29 日。

"从表中可以看出,我们选的目标基金国泰金龙涨幅超过七倍,而涨幅最大的华夏大盘竟涨了 17 倍多。所以当年买房子还不如买一个好基金放在那儿。贷款买房子要付利息,而一次性付款却可以打折。房子变现比较麻烦，而基金变现是很快就可以实现的。两相比较，我还是觉得贷款买房不划算。"

"中国人传统观念就是要有个房子才安居乐业呢。"安妹说。

"我没有说不买房啊，但年轻人工作单位还不稳定，所居城市也不确定，还是不要早买房。早买了房，其实就是将自己固定到一个城市，工作可选择的余地就小多了，好的发展机会也容易错过。年轻的时候有干劲、有冲劲，还是要多做尝试，等到三十多岁工作定型、事业小有成就时，买房的事才能提到议事日程上来。另外，太年轻买房，你要添置的生活用品多，其实是很难存得下钱的。而租房住，你的生活就会尽量简单，因为你要随时准备搬家，这样你就会尽量少买家什，就容易存下钱来，而有钱就好办事啊。我觉得，年轻人应该先理财，有钱了再一次性付款，反正找到了好的投资项目，房价上涨是追不上你的赚钱速度的。加上现在我国人口红利正在消失，今后房价上涨的速度会变慢。我们又何必匆匆买房呢？"

"你说得很有道理，但不买房买个车总行吧，买个车交际范围会扩大十倍不止。"安妹说。

"为什么要买车？其实汽车是消耗品，它每年贬值20%左右，你买车除了方便外，没有任何好处。至于说到交际范围，你要那么大范围干什么？交际越广、范围越大、机会就越多，而机会越多可选择的东西就越多，这从表面上来看是好事，但事实上却令你无所适从。还不如缩小一点范围，专心于做一件事，把自己专注的事做精做强就行了。我的几个朋友，资产上亿元，却都没有买汽车，可以说是隐形富豪，他们都觉得汽车是累赘，不仅费钱，而且让人变懒，损害自己的身体。现在交通方便，出门就可打车，何必买车呢？用养车的钱怎么打车都花不完，还买车干什么？难道是挣面子？为了面子而去耗费金钱，那可是得不偿失的。所以我一般不赞成借钱投资、借钱消费。我主张有一分钱做一分事，至少要做到量入为出、略有节余。"

"老师讲的我懂了，今后我坚决不做借钱消费、借钱加杠杆之类的事了,还是老老实实朝着亿万富翁的目标一步一步走下去。"安妹说。

◈ 编后语

　　投资不能只顾眼前的收益,而要把目光放长远。千万不能只图一时之利,让自己陷入风险之中。

第二节　不乱投资

> 不能投资的项目，一丁点都别去碰。
> 问：什么事情绝不能碰？
> 答：放高利贷、赌博、随意创业、生大病、炒股、炒期货、炒现货、违法犯罪，一旦陷入这些麻烦之中，财富就会快速消耗殆尽。

"实现亿万富翁的目标，还要能抵制住诱惑，不乱投资。"

"嗯，投资之前要多做了解，了解自己所投项目的盈利模式、实现途径以及这些东西是否可能实现。"安妹说。

"我说的是投资之外的题外话，也就是投资之外还有这样几件事你不能做。第一个不能做的事就是放高利贷。其实现在网上很多P2P说穿了就是放高利贷，很多人知道不能借高利贷，但高利贷放不得，大部分就没有意识到其中的风险了。其实放高利贷说穿了就是一种庞氏骗局，是在用后面人的钱还前面人的本和息。但放高利贷是一把"双刃剑"，你不知道什么时候这个游戏会玩不下去，所以一个明显的事实就是骗局破灭后，除了事先知道消息的人参与放贷的钱能收回来外，绝大部分其他人的钱却再也收不回来了，成了非法集资的牺牲品。当然，很多人在放高利贷时并没有意识到自己是在放高利贷，反而认为这是在给朋友帮忙，有的甚至收集亲戚朋友的钱再贷出去，结果崩盘后这些人输得最惨，上面要不回来钱，下面却天天有人找他要账，很多人只好远走他乡或自杀。所以超过银行贷款利率4倍的高利贷投资者就要小心了，要认真弄清楚它的盈利模式是什么，资金放出去是否安全，自己能否做到随时把控住放出去的资金。如果自己无法随时把控住放出去的资金，那这样的事最好还是不要去做。现在互联网金融很时髦，这其中当然有一些是正规营运、想做好这件事的，但也有一些人是打着正规的旗号实行非法集资的，所以我们一定要睁大眼睛仔细鉴别，做到不懂不做、不熟不做。第二个不能做的事是赌博。赌博是人生的大忌，因为就算你有万贯家财，也会顷刻间输得一无所有，甚至欠下巨额赌债。这方面的教训实在是太多了，这方面的例子也不胜枚举。但中国人骨子里就是赌性太重，君不见，街道小区，麻将馆多如牛毛，而参与者各个年龄阶段的都有。虽然打麻将是小赌，但上瘾后就会越赌越大，而且觉得麻将都不过瘾了，还要玩扑克牌、扳砣子等，有的甚至到澳门、缅甸等去玩大的。自然，十赌九输，剩下的一个，也是及时收手的。当然，股票、期货也有赌的成分在里面，所以，股票、期货能收手的就要尽快收手，不要等到局面不可收拾时才幡然醒悟。第三个不能做的事是随意创业。为什么不能随意创业？创新创业不是国家提倡的吗？确实，现在国家鼓励大众创新、万众创业，但鼓励创业的是哪类人？我觉得应该是有高学历的专家和企业管理的高层次人才，因为他们有技术、有能力。但在中国创业并不是那么容易成功的，除了技术、能力外，你还要面对仓储、培训、订货、催回款、利差等多方面的挑战，还要面对工商、税务、上下游供应商的刁难，可以说，技术、资金、人脉、市场你一样都不能缺，缺少一项，也许就是你灭顶之灾的关键。所以现在很多企业高管、高级知识分子都不愿放弃安逸的生活出来创业，而年轻人却有一股子创业激情，有一个好的想法就匆匆出来创业了，成功的可能性大吗？当然，也有不少人因获得风投青睐而大获成功的，如腾讯、阿里巴巴等，但那些风投青睐的项目可是万里挑一甚至亿里挑一啊，你觉得自己的项目就能被风投看上？如果看不上，岂不是赔掉整个身家？所以我觉得创业不能冲动，要创业，必须要有积累，包括资金的积累、技术的积累、人

"基"不可失——教你实现"1个亿"的小目标

脉的积累、经验的积累，等等，只有这些积累达到了一定程度，你创业才有成功的可能。一般的年轻人，我建议最好不要自己随意创业。我倒觉得，创业的事由国家、政府来做更实在，也更安全，普通百姓只要做好自己分内的事就行了。第四个不能做的事就是生大病。一个人不可能一生健康，总有生大病的时候，得了大病，钱就会源源不断地流进医院，而且病还不一定治得好。所以我们平时一定要注意身体健康，注意锻炼身体，要形成健康的生活习惯，不要为了赚钱去熬夜、去透支身体，如果身体搞坏了，那就得不偿失了。更有甚者，虽然赚了很多钱，成了亿万富翁，但却英年早逝，那就更不划算了。身体是1，其他都是0，只有1存在，后面的0才有意义。所以我们在任何时候都要注意自己的身体，要保持健康的情绪、健康的心理，淡泊名利，不争强好胜；要积极参加体育锻炼，每周至少出两次大汗，并且要全身汗透；要养成健康的饮食习惯，多吃水果蔬菜，少吃猪肉白酒。总之，工作之外要注意健身防病，这样赚钱才会真正有意义。第五个不能做的事是不能为了赚钱而去违法犯罪。违法犯罪，不仅断了经济来源，而且人的一生都会被毁掉，不仅是自己，还会殃及亲人，所以凡是违法犯罪的事千万不要去做。我们小老百姓，只要安分守己、丰衣足食、生活无忧就行了。"

"老师说的这些都很实在，我一定谨记在心。"安妹说。

"这些尚在其次，最不能做的，我最反对的还是散户炒股，因为炒股太容易入门了，也太具有欺骗性了。你觉得炒股简单，炒股容易赚钱，炒股能够致富，而一旦你进入这个市场，不输到本金全无，你是绝不会主动出来的。而股市中确实也是大部分人没有主动退出的。为什么？因为他们不服输，赚钱的还想再多赚一点，亏钱的则想着要扳本，结果无论盈亏他们都不愿意主动退出来，这样一轮牛熊市下来，自然是亏的多、赚的少了。股市中赚钱的永远是少数人，这些人要么是股精，要么是专业人员，而绝大多数股市参与者是会将钱交给股市，让那些专业的庄家和机构赚走的。而即使是股精，也有失手的时候。

2015年股灾，我的一个朋友，以前从未失过手的，那次股灾也将钱全部赔进去了。所以我多次对朋友们说，只要你不收手，总有一天你会将所赚的都还给市场，因为强中更有强中手。而参与股市的大多数人，说得不客气一点，就是一个业余队员，业余队员如何能战胜专业队员？所以投资要赚钱，我们一定要树立专业制胜的理念，要将专业的事交给专业的人去做。如何将专业的事交给业余的人去做？我建议还是要将钱投资于基金，让基金经理这类专业人员来帮你赚钱。所以很多人听了我的这个建议后，都纷纷从股市中撤出资金，加入到基金投资者的行列，从而逐步扭转了投资亏损的局面。我始终强调的一点是，想发财就不要亲自进股市操作股票，股市是让你发不了财的，只会吞噬你的财富。与此类似，期货、现货市场也是不能进的。尤其是期货和现货，加了杠杆，这样无论你技术有多好，一朝失手，就会血本无归。而我们不是神仙，不可能百战百胜的。我们投资就要充分想明白其中的道理，然后才能真正做好科学的抉择，实现投资盈利的目标。"

"老师你这个提醒太重要了，我会一辈子记住的。"安妹说。

◇ 编后语

一失足成千古恨的情况多如牛毛，明知不可为之事，就一定要杜绝。投资赚的不只是金钱，还是整个人生。

第三节 科学消费

> 要消费，更要科学消费。
> 问：怎么做到科学消费？
> 答：科学消费绝不是不消费。在花钱之前，转变爱面子的观念，注重购物的性价比，不冲动也不盲目，慢慢地就会养成科学消费的习惯了。

"说了投资，我还要说一下消费，因为我们赚钱不是用来比富的，而是用来为提高我们的生活质量服务的，所以我们有钱还是要用来消费，但消费有消费的原则，我们要力求做到科学消费，避免不必要浪费。那么科学消费应遵循些什么原则呢？科学消费首先要转变面子观念，不要盲目攀比。我们知道，一般人都好面子，尤其是穷人，面子观念更重。反而是富人，倒是不太注重面子了。由于注重面子，所以许多人会打肿脸充胖子，衣服要买名牌，住房要住高档社区，看到别人有某件时髦东西而自己没有时，也要千方百计买到手，甚至被人称赞是个'善于理财'的人时，也会掏出钱来宴请大家一顿。结果花了许多不必要花的钱，影响了自己的理财计划，甚至会因为面子观念而一辈子受穷。富人则不同，因为他们已经很有钱了，所以他们不需要炫富，他们只买那些他们认为需要的东西，对不需要的东西，他们坚决不买，对功能相同或相似的东西，他们则会根据性价比来购买，他们比较注重物品的实用价值。正因为如此，富人才能省下钱，使其更富。而穷人因为面子观念而奢侈消费，节省不下什么钱，所以才会一辈子受穷。其次是要会买东西。有人说，买东西谁不会，只要有钱，就能把东西买回来。不错，有钱确实能买回需要的东西，但这个东西是不是值这个价？还有没有更便宜的呢？这些问题都是在消费过程中需要我们认真思考的问题。所以，为了在购物过程中省钱，你需要有足够的耐心去广泛收集你所要购买物品的相关信息，如通过报纸、网络等。虽然信息收集花了你一些时间，但却可以节省不少钱，长期坚持，节省的金钱也就十分可观了。你还要货比三家，因为同样的物品，不同商场的价格也有可能差别很大，同一类别的物品，不同的品牌、不同的款式，价格也会有所差异。所以，如果你时间充足，不妨多走几家商场。当然，如果你时间宝贵，那又另当别论。你还要注意商品的性价比，譬如一套时装，如果你花3000元，却只能穿三个月，那么这就意味着这套时装每个月花费了你1000元。如果你用同样的价格买上一套经久耐穿而又不过时的服装，假如最少可以穿15个月，那么每月的花费也就只要200元。你是买哪套服装好呢？当然是买经久耐穿的了。有人会说，穿时装够面子，能够得到别人的赞扬。是的，但赞扬也只是别人在第一眼看见时称赞，穿久了，谁还会赞扬你呢？而且仅仅为了一句赞扬的话而多花那么多钱，是否又值得呢？所以我认为购物还是以实用为主比较好。通过性价比的对比，可以使我们做到少花钱多办事。此外，在购物时我们还要注重商品的质量，还要学会与商家砍价等。第三是要避免冲动消费、盲目消费。有的人看到广告宣传就有购买的冲动，有的人看到打折就有购买的冲动，有的人有逛商店的嗜好，每逢周末、节假日甚至是下班的路上，都喜欢到商场、超市或市场上去看一看，而且绝不会空手而归，每次都会遇到自己喜欢的东西，不是遇到某个商家打折，就是某个商店大甩卖。总之，每次都感觉得了便宜。但这样一来，常常是买回来的衣服穿几次就不喜欢了，或者是根本就不适合穿，有的用具买回来也根本就没有使用过，当时只是觉得便宜，根本就没有考虑过对自己是否有用。这样一年下来冤枉钱花了不少。其实在消费时，我们应主要考虑自己是不是需不

"基"不可失——教你实现"1个亿"的小目标

需要。如果不需要,再打折也不要买。譬如一件名牌时装,原价1000元,现在打六折降到600元,你买不买?买吧,如果现在买,不是可以节省400元吗?但是换个角度想一想,如果这件名牌时装你不需要,你不买,不是可以节省下1000元吗?所以一个东西不要因为它降价了你就想到要买,如果买了一个自己并不需要的东西,即使很便宜也花了不该花的钱。此外,对于一些临时需要的东西,我们也可以采用租借而不是购买的方式来解决问题,这样也可以节省下不少费用。总之,我们要力戒盲目消费、冲动消费甚至疯狂购物,否则就很容易陷入财务危机并有可能因此而不能自拔。为了做到科学的消费,在消费时我们要制定一个购物清单,消费之前要想一想,家里现在还缺什么,还需要购买些什么东西,列出这样一个清单,然后有针对性地购物,这样就会最大限度地减少那些不必要购买的东西。如果你确实很喜欢逛商店,无法克制自己,那么每次出去时你只要带足车费就够了。这样一旦看上什么好东西真的想买时,你就得回家一趟去取钱。在取钱的路上,你就会有足够的时间让自己冷静下来,认真地思考一下这个东西是不是该买,从而减少消费的冲动,减少不必要的开支。如果你能长期坚持这样做,那么你漫无目的花钱的坏毛病就会改掉不少,就会逐渐养成科学的消费习惯,就会省出一笔不小的投资资金,从而真正开始你以钱生钱的致富生涯。而一旦你的投资收入超过你的工资收入时,你的富翁生活也就掀开了新的篇章。"

"你说得很有道理,但现在科技发达,诱惑也太多了,尤其是网购,一旦陷入进去几乎不能自拔。"安妹说。

"是啊,有的东西就要靠斩断中介来解决问题。譬如我到现在还没有支付宝,自然就无法网购了。无法网购,那些有吸引力的商品广告我也就不看了,自然就会省下一笔钱。当然,这样也可能错过一些新奇的事物,错过一些提高生活品质的机会。但人的一生,我觉得还是简单点好,返璞归真好,真正美好的生活是自己觉得舒服就行。当然,科学消费也不是说要克扣自己,过太节俭的生活。科学消费是为了让钱更好地为我们服务，我们不能做金钱的奴隶，而是要让金钱发挥出更好的效益，使我们生活得更美好。当你完成资金的原始积累，你就可以用钱生的钱到你想去的地方旅游，做你想做的事，充分展示你的才华和兴趣，使自己获得更大的成功和更高品质的生活。"

"嗯，那就是富人品质的生活吧。"安妹问。

◇ 编后语

回头一想，那些不科学的消费让我们损失的不仅仅是金钱，还浪费了很多精力。养成科学消费的习惯，会让钱发挥出更好的作用。

第四节　富人思维

> 富人的思维方式，你也可以有。
> 问：富人有哪些思维方式？
> 答：富人最擅长的就是借力使力，用钱生钱。他们不会在乎所谓的面子，不该做的也绝不会去做。

"可以这么说，人如果富裕了，就能随心所欲地生活，而不用在乎别人的眼光了。富人就是这么生活的，他们的面子观念不如穷人强烈，因为他们已经很富裕了，不需要打肿脸充胖子。所以他们追求的生活是舒适、健康、安全。虽然你看到有些富豪买豪车，但那都是些还不够富裕的人或者是暴发户，他们还没有从贫穷的观念中转变过来。真正富裕的富豪，他们的座车都非常平民化的，如美国 Facebook 的创始人马克·扎克伯格的座车就是价值不超过人民币 10 万元的本田飞度。有的甚至根本不用座车，他们还嫌座车麻烦呢。我认识的几位隐形富豪就没有座车，外人根本不知道他们很有钱，他们根本不像一般人想象的那么奢侈，他们追求的是简单、健康的生活方式。而穷人为了自己的面子，才需要花钱装扮自己，并为了面子观念奢侈消费。所以注重不注重面子，是富人与穷人的一大区别。当然，这个特征还不够明显，最明显的是，富人善于借外力，而穷人不知道借力，只知道傻干、蛮干。有一个故事能很好地说明这个问题：有一个穷人，因为吃不饱穿不暖而在上帝面前痛哭流涕，诉说生活的艰苦，天天干活累得半死却挣不来几个钱。哭了半晌他突然开始埋怨道：'这个社会太不公平了，为什么富人天天悠闲自在，而穷人就应该天天吃苦受累？'上帝微笑着问：'要怎样你才觉得公平？'穷人说：'要让富人和我一样穷，干一样的活，如果富人还是富人我就不再埋怨了。'上帝点头道：'好吧！'说完上帝把一位富人变成了和穷人一样穷的人。并给了他们一家一座煤山，每天挖出来的煤当天可以卖掉买食物，限期一个月之内挖光煤山。穷人和富人一起开挖，穷人平常干惯了粗活，挖煤这活对他来说就是小菜一碟，很快他挖了一车煤，拉去集市上卖了钱，用这些钱他全买了好吃的，拿回家给老婆孩子解馋。富人平时没干过重活，挖一会停一会，还累得满头大汗，到了傍晚才勉强挖了一车煤拉到集市上去卖，换来的钱他只买了几个硬馒头，其余的钱都留了下来。第二天穷人早早起来开始挖煤，富人却去逛集市。不一会他带回两个穷人来，这两个穷人膀大腰圆，他们二话没说就开始给富人挖煤，而富人站在一边指手画脚地监督着。只一上午的工夫富人就指挥两个穷人挖出了几车煤去，富人把煤卖了又雇了几个苦力，一天下来，他除了给工人开工钱，剩下的钱比穷人赚的还多几倍。一个月很快过去了，穷人只挖了煤山的一角，每天赚来的钱都买了好吃好喝的，基本上没有剩余。而富人早就指挥工人挖光了煤山，赚了不少钱，他用这些钱投资做起了买卖，很快又成了富人。结果可想而知，穷人再也不抱怨了。这个小故事说明，成功，不在于你能做多少事，而在于你要知道如何去借力，能借多少人的力做多少事。我们表面上看到富人工作很轻松，但却不知道富人整天想的却是如何借别人的努力来为自己工作。所以富人的钱能够以钱生钱，即使他们在睡觉，钱都在替他们创造财富。而穷人则不同，穷人尽管自己工作也很努力，甚至可以说比富人更努力，但他的努力只是一个人的努力，虽然他从早到晚不停地劳动，但收入却很有限。穷人还怕担风险，宁愿让钱趴在银行里'睡觉'，也不愿意拿出来冒点险投资，这样怎么能富呢？富人的努力，其实是全体努力的总和，产生出来的效果当然要远远超过穷人个人的努力。其实，富人自己的努力往往还不如穷人，但他却善于利用别人的钱和

"基"不可失——教你实现"1个亿"的小目标

努力来为自己生钱,所以富人和穷人自然很快就能分出个高低来。此外,富人还目光远大,他们喜欢留意大事情,对未来发生的变化,他们有远见、有预备,适应能力较好,他们往往会利用别人暂时看不到的机会大捞一把,对于眼前的一点小利益,他们却不大在乎,他们是大事精明、小事糊涂。穷人则相反,他们只看到眼前利益,对小钱精明,对大钱则比较糊涂。穷人在每天的消费中,都会习惯性地花上半小时去砍砍价,省一点小钱——小钱精明。但他们银行账户里说不定就存着二三十万元现金——只是趴在银行,收取微薄的利息。结果经济一发展,通货膨胀一来,穷人损失的是大钱,是货币的极度贬值。所以,从长远看,穷人的处事方法是不够聪明的。"

"穷人也可以改变自己啊。"安妹说。

"理论上可以,而且穷人也有改变生活、改变世界的强烈愿望,但他们却只有想法却没有方法。我们还可以看看下面这个例子:有甲乙两个穷人,每个月给甲一百元,他会拿这一百元去买50双拖鞋,然后拿到地摊上每双卖3元,一共会得到150元。每个月给乙100元,他却全部用来买大米和油盐。同样是100元,甲通过经营增值了,乙却变成了生活费用全部消耗掉了。可以预见,日后甲可能成为富翁,乙却还是一贫如洗。可不可以换种方式,每个月给乙两百元,让乙用100元来维持生活,用100元去做拖鞋生意呢?这样,一个月下来乙就有了150元。下个月还给他两百元,他就可以用250元来买卖拖鞋,又可以赚125元。到第3个月,这个穷人手里已经有了375元,除去100元生活费,还有275元资本金,这样不用再给他任何生活费他都能够脱贫了。这样的操作在理论上是行得通的,但问题是,在实际生活中,穷人未必会按照你给他安排的方式去做。你给他100元,他会去买米;给他200元,他会去买酒买肉;给他500元,他会去买套体面的衣服;哪怕你给他100万元,他也想立刻把钱变成房子、车子,风风光光地好让别人知道他不是穷人了。因为穷人穷惯了,有了钱就只想着改善生活,这样只出不进,给他再多的钱,也会被他花光的。

所以穷人最要紧的是改变自己，学会富人的思维方式。譬如投资，我尽管苦口婆心说了这么多不应该投资股市的道理，但穷人还是要去投资股市，希望一夜暴富，他们嫌基金赚钱太慢了。这样投资，怎么能摆脱贫穷的命运呢？思路决定出路，我们只有认真弄清富人与穷人的差异，积极学习并实践富人的成功经验，我们才有可能真正富起来。看不清自己，眼高手低，你就永远难以致富。"

◇ 编后语

富人和穷人，思维模式确实是有很大的区别，最终所过的生活也大不一样。从思维模式上开始改变，你也可以成为富人。

第五节　看清自己

> 最难看清楚的，其实是自己。
> 问：为什么要看清自己？
> 答：人贵有自知之明。做任何事情，都要清楚地了解自己的实际情况，量力而行，不去盲目跟风。如果连自己都看不清，又如何去看清市场，去做出正确的选择呢？

"什么是看不清自己？自己还看不清自己？"安妹问。

"看不清自己，就是对自己的能力没有一个清醒的认识。其实股市中很多人都是看不清自己的，他们只看到别人赚钱，就跟着杀进股市了，很少有人会看到别人在赔钱还不知死活地钻进来的。这样，在他们心中就会产生一个误区，股市赚钱很容易。他们根本没有意识到证券市场的风险，整天只会在股市中厮杀，并且乐此不疲，直到大盘由牛转熊，他们有过赔钱的经历后，才会真正认识到市场的风险。但认识到市场的风险，也并不表明他们就能够真正认清自己了。许多人在熊市中亏了钱后，并没有认真反省自己，还往往认为这是市场的整体风险所致。大盘都跌了，自己赚不到钱是应该的。正因为无法认清自己，所以许多人是越做越亏，越亏就越想在这个市场中把亏损赚回来，结果却越做越错，终致局面无法收拾。其实任何市场都是少数人赚钱、多数人赔钱的市场，那么，哪些人会赚钱呢？就是那些专业人士。这就像比赛一样，专业队员比非专业队员往往具有特定的优势。因此，一个对投资不甚精通的非专业人士去做投资，往往会以失败而告终。

所以，我们在投资的时候首先对自己要有一个清醒的认识，要能够真正认清自己。要认清自己，我们首先要清楚自己的投资能力。古语云："知己知彼，百战不殆"。只有真正认识自己、了解自己，才能制定正确的投资策略。所以对于在自己能力范围之内的目标，我们可以放手去争取，虽败而不舍，通过不断努力终获成功，这叫作执着。相反，对于自己能力不及的目标，屡败而不知吸取教训，以浪费时间甚至生命的代价去不断重复错误，那不叫执着，那叫无知。投资要三思而后行，三思而后行并不意味着消极保守；相反，它表明，人只有充分认识自己，才能在竞争与考验中立于不败之地。如果一味地夸大主观能动性，不能洞悉证券市场的各种风险和投资技巧，那么只会导致接二连三的失败，并最终陷入难以自拔的泥潭。三思而后行，你才能在深思熟虑之下认清自己，明白自己的投资能力，从而选择正确的投资渠道，做出正确的投资决策。譬如，你没有高深的专业投资技能，但这并不表明你就不能投资了，你可以借力使力，借助专家的智慧来帮你理财，你可以通过买基金，让基金公司的专家团队来帮你理财。这样，你就通过利用专家团队的智慧弥补了你自身实力的不足，从而获得较好的投资收益并回避掉市场可能出现的投资风险。有人说：'无知者无畏。'确实，证券市场有许多无知者是赚了大钱的，他们不怕投资风险，不将市场风险当一回事，随便怎么投资都赚钱，如有神助一般。但这种情况只是暂时的，因为你不懂，所以赚钱时你不知道这钱是怎么赚来的，那么这些赚来的钱也会因为你的无知，它们迟早又会还回给市场的。在证券市场上，无畏绝不是逞强冒进的借口，如果以一种无畏的心态来一味冒进，那么最终将会自取灭亡。事实上，中外股市的发展经验证明，炒股的人，十有八九都是亏的，难道赚钱的那一个就会落到你的头上？所以，在投资之前，你首先要衡量一下自己的投资能力，看是不是摆正了投资心态，是不是掌握了基本的投资诀窍，是不是投资知识比别人强一点。在投资能力方面多衡量一下，这样你才能真正看清自己，从而采取正确的投资策略，实现持续稳定的盈利；

要认清自己，你还要清楚自身的经济实力，要根据自己的财力来进行投资。'巧妇难为无米之炊'，要想投资理财，你首先要有钱有财，如果你钱财不够，到手的机会也只能眼睁睁地看着它溜走。譬如现在投资房地产很赚钱，但你却没有买得起一套房子的钱，那么这样的机会你就只有放弃了。根据自己的财力来投资，不仅要根据自己目前的财力状况，而且要预期将来一段时间自己的收入状况。因为如果今后一段时间你的收入水平能够稳步提高的话，那么表明你抗风险的能力较强，这时就可以选择一些风险较大的投资品种，如股票型基金等。如果预期今后一段时间收入水平呈下降趋势，那么就应该选择稳妥一点的投资品种，如债券或债券型基金等。这样先有保障再进行风险投资，就不至于因投资失败而影响到自己的生活；要认清自己，你还要正确评估自己的风险承受能力。股市中曾有投资者因忍受不了巨额亏损而自杀结束了自己生命的，也有因投资理财失败而导致家庭不和、婚姻破裂的。如果造成了这样的局面，那就与我们投资的初衷相违背了。投资的目的是为了增加收入、改善家庭生活、改善自己的经济状况。所以，我们在投资之前要充分估计市场风险，评估自己的风险承受能力，要对自己所能承受的亏损范围作一个清晰的数字界定，一旦超出了这个范围，就要尽早改变计划，以免损失扩大而导致结果无法收拾，导致家庭悲剧的出现；要认清自己，你还要明确自己的投资目标和投资需要。即在投资之前，我们要明确自己的这笔投资能够达到什么样的效果，这笔投资的期限是多久，打算什么时候变现，这笔投资的用途是什么。把这些问题都想清楚了，你才能在投资活动中适可而止、知足常乐；要认清自己，你还要了解自己在资金流动性方面的需求。所谓流动性，就是指在不受损失的情况下将投资转变为现金的能力。变现损失越少，变现所需要的时间越短，产品的流动性也就越强。如果在市场价格很低的时候不得不变现的话，那么损失将是十分巨大的。所以用于投资的资金应该是不急于变现的资金。也就是说，在市场价格很低的时候，投资的这部分资金能够有足够的时间等待上涨，不急于变现；要认清自己，你还要找到适合自己的理财方法。理财行业有句行话叫作'没有最好的理财产品，只有最适合客户的理财产品'。与此同理，证券市场没有最好的投资理财方法，证券市场也只有最适合自己的投资理财方法。投资者只有对自己作出最全面、最透彻的认识，才能找到最适合自己的投资理财方法。这样，才可以在投资理财领域里适当地规避风险，获取较好的投资收益。总之，在这个世界上，认识别人容易，认识自己很难。但在投资活动之前，认识自己是一门必修课。证券市场上，大家拿的都是自己的血汗钱在投资，都是在玩真金白银，所以，我们时刻在接受市场的洗礼、心灵的煎熬，能否在证券市场上很好地生存本身就是对自身的一项挑战，只有对自己有一个清醒的认识，你才有可能在投资活动中适当地规避风险，防止资产受损。所以，在投资活动之前，你必须做好正确认识自己这门功课。"

◇ 编后语

有的人很迷茫，不知道生活的方向在哪；有的人很激进，总想一下子把所有事都搞定。其实，这都是没看清自己，找不到自己位置的结果。

第六节　正视金钱

> 金钱不是万能的，但没有钱却是万万不能的。
> 问：什么是正确的金钱观？
> 答：君子爱财，取之有道。没有钱，生活将会寸步难行，不能让自己的金钱观走了极端。我们要去追求财富，却也不能成为金钱的奴隶。

"老师，你对金钱如何看？"安妹冷不丁来了一句。

"金钱是我们每个人再熟悉不过的东西，因为我们的生活离不开钱。想想看，如果人类生活取消了钱，不再用钱来作为交易的媒介，那么会是怎样的一个后果呢？答案谁都明白。所以说钱是个好东西，有钱能使鬼推磨，没钱你是寸步难行的。钱不是万能的，但没有钱却是万万不能的。钱主宰着我们的一切，但我们却是钱的支配者。如何看待钱和使用钱，将决定我们是成为金钱的主人还是成为金钱的奴隶。受我国传统观念的影响，许多人将钱看成是万恶之源，看成是人格堕落的一种表现形式，其实这是一种迂腐之见。钱本身并没有罪恶，只要钱使用得当，富人的人格并不见得就比穷人低，那种以贫富来划分人格的方法实际上是自欺欺人。相反，如果富人把钱用于推动社会进步、提升人类生活品质等方面，如许多富人捐助慈善事业、赞助医疗卫生事业的研究等，那么他们的行为是不是比一般穷人更高尚呢？追求钱的过程，其实也是推动社会进步的过程。试想一想，假如人们都不去追求钱了，都无所事事了，那么，这个社会还会有大的进步吗？

正是因为社会上有一批人在努力地追求钱、追求财富，才推动了这个社会的不断进步。因为要求财，他们就需要不断地学习，不仅是学习赚钱的本领，而且是学习谋生的本领，学习如何让人们生活得更美好、更舒适的本领。这样有生产、有交换，有工业、农业、商业等，社会才能够不断地进步。君子爱财，取之有道，如果我们的求财行为是正当的，是符合社会规范的，那么这种求财行为又有什么可以指责的呢？相反，那种对钱不在乎、生活无所求、整天无所事事的人，才应该真正受到社会的谴责，因为他们消耗了社会财富，却不能对社会有所贡献。当然，求财是为了生活富裕、内心安宁，所以求财必须走正道，那种为了钱不择手段的行径不仅有违社会道德，而且也破坏了自身内心的安详与宁静，这就与求财的根本目的相违背了。与其这样求财，还不如不求为好。有人说，钱多了不好，它会使子孙变坏。诚然，中国确实有'富不过三代'的名言，但为什么会造成这种现象呢？就是因为我们的教育耻于谈钱，使子孙缺乏'钱'的教育，结果有钱人家的子女就失去了生活的追求，成为漫无目的的纨绔子弟，自己没有赚钱的本事，眼睛就盯着家里那几个子，到一定时候，为家产而兄弟反目、父子失和，成了败家子。其实不仅是富人家庭如此，穷人家也上演着同样的悲剧，一些穷人有了两个钱就只知道享受，结果子孙同样也是无能。只不过富人变穷落差大，被别人说得多一点而已。当然，如果我们从小对子孙进行'钱'的正当教育，'富不过三代'就会成为过眼云烟。君不见，日本不仅有百年企业，甚至有千年企业，西方不少发达国家的知名企业不仅富过三代，而且还在继续延续，为什么？就是因为他们从小就注意对子孙进行'钱'的正当教育。钱多好不好？好。至少它可以使你生活富足、衣食无忧。它可以让你的子孙获得良好的受教育的机会，获得多得多的成长、成才、成功机会。如果你没有钱，这些机会来临时，你就只能眼睁睁地看着机会从你身边溜走。当然，也有一些穷人家的孩子通过自身的刻苦努力跻身于成功人士的行列，但那要付出多大的努力啊，而且这也是追求钱的结果啊。

"基"不可失——教你实现"1个亿"的小目标

有的人认为钱多钱少无所谓，只要生活过得去就行。确实，钱太多了，钱就只是个符号了。但钱多钱少真的无所谓吗？不对，钱少了，你会发现，你将会失去很多机会。譬如说现在有个做生意发财的机会，但你却没有本钱，那么你就只能看着这样的机会白白地丧失了。又如，现在证券市场打新股是一个稳赚不亏的赚钱机会，但需要的资金量较大，如果你没有钱或是钱太少，这样的好机会你也没办法抓住了。还有，你的小孩到了受教育的年龄，但由于你钱少，你就只能将他送到一般的学校。如果你有钱，你就可以将孩子送到教学质量较好的学校，可以请名师来进行指导。这样，孩子成才的可能性就要大很多。俗话说得好，赚钱的不辛苦，辛苦的不赚钱。就是说钱越多，机会越好。钱越少，机会越不好。钱多，你可以当老板，让别人替你打工赚钱。钱少，你就只能打工，帮别人赚钱了。有人说，这些东西我都不想，我只想我和家人都能做一个平常人，平平安安地度过一生。是的，这个想法是不错。但生活中不如意事十有八九，你的这个小愿望看起来简单，但要实现起来却也要付出相当的努力。其中，钱是一个重要的因素。因为生活中有一种'马太效应'，它会使贫者愈贫、富者愈富。如果你安于现状、不思进取，那么虽然暂时你会生活得很安逸，但随着时间的推进，你会变得越来越贫穷，而越贫穷你就越难翻身，因为机会正一个个远离你而去，这一点在科学技术越来越发达的今天表现得尤为明显。钱少了，你就不得不用前半生的命来换钱，因为你要维持起码的生计，还得为将来年老了作打算。而后半生钱多了，你的健康却因为赚钱而受到了损害，这样，你又不得不在后半生用钱来换命。这样的人生，过起来难道不辛苦吗？钱多了，你就不用在前半生用命来换钱，而在后半生用钱来换命。你可以按照你的兴趣、想法过好你的一生。机会面前人人平等，但这个平等面前却有一道门槛，这道门槛是什么？就是钱。你想读好学校？可以，但没有钱你就别想进来。你想出国深造？可以，但没有钱一切都免谈。当然，不排除有穷人家的孩子通过刻苦努力拿到奖学金出国深造的，但那毕竟是极少数。而有钱了，想出国深造你就可以出国深造，喜欢干什么事你就可以干什么事，当然前提是不违法。富人家的孩子可以做自己感兴趣的事，成就一番事业。而穷人家的孩子则首先要为了生计而做一些自己不感兴趣的工作，直到有钱了，才能够从事自己喜欢的研究，做出一番事业，所以这个世界上，还是家境富有的人成名成家的较多。当然，这个世界上也有钱买不到的东西，钱买不到亲情，买不到快乐，买不到友谊，但是，并不是说富人家就没有亲情，富人们就没有快乐，富人们就没有友谊。因为没有生计的烦恼，所以富人们从事自己喜爱的工作，他们的内心大都是快乐的。因为没有为生计而奔波的辛苦，富人们能够把更多的精力放在营造家庭和谐氛围上，所以富人们的亲情远在穷人之上。因为有钱，富人们的朋友数量远在穷人之上，而且这里面真心的朋友也会有不少。那种认为富人们没有亲情、没有友谊、没有快乐的看法完全是穷人们一厢情愿、自欺欺人的世俗偏见。而这种偏见，也是让钱给闹的，就像狐狸吃不到葡萄就说葡萄是酸的一样。时代在进步，追求金钱并不是什么见不得人的事，只要来路正当，不违法，不违心，就没有什么可以指责的。生活在当今时代的人们，要深刻认识到'马太效应'对我们生活的深远影响，要学会赚钱，学会以钱生钱，这样你才能拥有更多的机会，也才能使你挺起胸、抬起头、直起腰板做人。没有钱，你说话的底气都不足，就会有理都说不清、有门都无法进，就会力不从心、少衣无食甚至露宿街头。与其出现这种窘境，不如现在就开始追求金钱。钱不怕多，钱多有钱多的用处，只是我们要正确地对待金钱，善于利用好金钱，让金钱多多为我们营造快乐和富足的生活。那么，金钱在我们的生活中就能真正地发挥出它应有的作用了。现在的关键是，你要有强烈的赚钱欲望，要相信，钱多才会机会多，才能把握住机会。"

◈ 编后语

赚不到钱就满不在乎，把钱看作万恶之源，这是不可取的态度。正确地认识钱，用钱去赚钱，便可以过自己理想的生活。

第七节　洁身保富

> 阶层越固化，越要保住自身的地位。
> 问：如何才能保住所在的阶层不下滑？
> 答：保住自己的地位是少不了努力的，而且还要洁身自好，注重教育。在金字塔的结构中，上升比下跌不知道难多少倍。

"看来还是钱多一点好啊。"安妹感慨道。

"当然，钱多机会多嘛，况且随着科技的发达，我们这个社会会越来越富有、越来越发达，而越发达的社会，阶层的分化和固化就变得越明显，不像改革开放初期，百废待兴，有很多一夜暴富的机会。而一旦阶层固化，低层向中上层上升的空间就会变得越来越小。而人往高处走，毕竟大家都想过中上层的生活，都想有更多更好的个人发展机会吧。"

"当然，但读书可能改变命运吧？"安妹问。

"理论上可以，实际上行不通。为了说明这个问题，我们还是来看一个具体的例子吧。英国 BBC 曾做过一个纪录片《人生七年》，它选择了 14 个不同阶层的英国小孩，从 7 岁开始，每隔七年记录一次他们的人生轨迹，连续记录了七次，也就是 49 年后，他们都 56 岁了。我们来看他们 7 岁时和 56 岁时的状态吧：7 岁时，上流社会的 John 和 Andrew 已经养成了阅读《金融时报》、《观察家》的习惯，他们明确地知道自己会上顶级的私立高中，然后读牛津大学，再然后进入政坛。中产阶层的男孩会拥有自己的理念，如反对种族歧视、帮助有色人种等，女孩则想着长大嫁人生子。而底层社会的人，有人希望当驯马师赚钱，有人希望能有机会见到自己的爸爸，而贫民窟出生的 Paul 甚至把'吃饱饭、少罚站、少挨打'当成自己的人生愿望。49 年后，上流社会的 John 成了企业家并致力于慈善事业，Andrew 成了律所合伙人，他们的孩子继续接受着精英教育。而中产阶层中的大多数人依然是中产阶级，也会有个别人因不努力滑落到社会的底层。底层社会的 Paul 成了泥瓦工，Symon 则成了司机，他们生了一大堆儿女，儿女中的大部分人继续在底层靠出卖劳动力为生。当然，即使在阶层高度固化的社会，也会有个别人脱颖而出，如 Nicolas———一个农夫的儿子，他考上了牛津大学，然后成为美国名校的教授，他打破了天花板成功晋级为精英。但这个概率是多少？7%。这个概率给我们一个启示：世界上永远存在这样一类人，他能够超越自己的家庭、血缘、环境，他能够挣脱时代对他的束缚，让世界另眼相看，这一类人被称为英雄，但这样的英雄实在是太少了。反观我们国内，改革开放前甚至改革开放初期，知识改变命运的事是屡见不鲜的。很多农家子弟通过读书成为大学教授、企业家、官员，但现在，这样的机会却越来越少，君不见，现在读书的成本不是太高了吗？一个高中生，三年的学费就相当于农村贫困家庭一年的收入。如果考上大学，四年大学的费用更令许多农村家庭重返贫困，甚至负债累累。而农村大学生读了书出来也并不见得就能找到好工作，有的甚至是毕业就失业。因为无论寒门学子为上大学背了多少债，付出了多少代价，在找工作时企业顶多也只会表示点遗憾，仅此而已。而中上层家庭的子女，由于人脉、资源等优势，他们在找工作时往往会受到招聘单位的青睐。所以对于底层人民而言，教育的高成本、低收益，导致了他们对教育的绝望。这就是典型的'马太效应'：强者愈强，弱者愈弱。所以在政治资源、商业资源、教育资源、人力资源相对固化的城市，再要想知识改变命运，难啊。所以哈佛公开课《公平的起点是什么》一文指出：'即使是努力本身，很大程度上也依赖于幸运的家庭环境。'美国两位罗斯福总统都毕业于

"基"不可失——教你实现"1个亿"的小目标

哈佛,'布什家族'四代都是耶鲁校友,小布什在竞选的时候甚至开玩笑说:'我继承了我父亲一半的朋友。'上层社会的人脉、财富、精英意识、教育资源等,父传子,子传孙。而社会中下层的孩子,在公立学校接受了所谓的'快乐教育'后,构成了新一代的社会中下层。但不管怎样,发达社会至少为他们提供了可靠的生活保障,整个社会就以这种相对固化的阶层继续运行着。正因为社会阶层分层越来越明显、越来越固化,所以不说上升,就算保住在现有阶层中,你也得洁身自好吧。如果有钱不知洁身自好,去吸毒、去赌博,那么就是家产再多也会败光。而滑落到底层,要想再回到原来的阶层,也是千难万难。即使能回,也要三代五代人的努力。所以为了子孙后代,为了家族繁荣,吸毒、赌博这类不良嗜好还是不要去做为好。有的人婚内出轨、找小三,那也是得不偿失的。找小三容易但摆脱难,因为小三可不是省油的灯,她至少会敲诈你一笔财产的。当然离婚就更不划算了,离婚分割财产,你的财富就去掉了一半。再要赚回来,现在人口红利消失,赚钱也不是那么好赚的。至于违法犯罪,就更是做不得了。违法犯罪,虽一时得逞,一旦东窗事发,就会血本无归,何必呢?所以人富起来以后,还是要加强道德修养,要修身、齐家,洁身自好,做一个好公民。甚至要多做慈善,为社会积累正能量,这样才能保住自身已有的财富,并且促进自己财富增长,使自己能够在社会阶层中保住原有地位,并且有可能进一步上升一个阶层。这样无论对自己、对家人、对后代都是非常有益的。"

"是啊,现在赚钱是越来越难了,但是败家却很容易,有时候几代人的积累,只要家中出现一个败家子,就会很快倾家荡产的。"安妹说。

"所以要加强对孩子们的教育,加强对整个家族的金钱教育,富人家也要让他多看看穷人是怎么生活的,让他多体会体会饥饿是什么感觉。最好每个月禁食一天,这样既有利于身体健康,又有利于让人体会到饥饿的感觉,这是很有教育意义的。当然,更重要的还是思想教育，譬如让家族成员走向农村，栽种粮食，让他们体会到粮食的来之不易。让家族成员像下层人员那样打工赚钱，让他们体会赚钱的不易。让家族成员多多学习传统文化，让他们自觉养成修身齐家治国平天下的远大抱负，等等。总之，要通过多种形式的教育，让家族成员自觉养成洁身自好的好习惯，使整个家族能够更加兴旺发达。当然，家族成员的洁身自好，无疑也为整个国家向好的方向发展贡献了自己的应有力量。"

"你刚才还讲到一个行善吧。"安妹问。

◇ 编后语

不愿从现有的阶层往下滑，就一定要洁身保富。要想洁身保富，就一定要加强教育。

第八节　多多行善

> 善有善报，恶有恶报，这是亘古不变的道理。
>
> 问：多多行善有必要吗？
>
> 答：善事做得多，福报就越厚。善良是中华民族的传统美德，儒家讲善，仁义礼智信。道家讲善，阴阳平衡。佛家讲善，因果报应。行善之家，必有余庆。

"是的，还有行善，现在很多富人就是为富不仁。很多富人花天酒地，但却舍不得为慈善捐一丁点钱，这样的富豪是做不得长久的。只有那些心存善念、多多行善的人，他的事业才能做大。如2006年获诺贝尔和平奖的穆罕默德·尤努斯，就是因为积极行善，将自己的事业做大并得到国际社会认同的。尤努斯1940年出生于孟加拉国，青年时曾留学美国，并获得经济学博士学位，回国后从事教育工作。当他30多岁看到村妇因受高利贷剥削而生活艰难时，他毅然放弃教书生涯和那些空泛的经济学理论，转而从事扶贫工作。他创建了格莱珉银行，然后从向42名村妇贷款27美元做起，30年来，格莱珉银行不断发展壮大，今天，其银行已扩展至2226家支行，覆盖孟加拉国693个村庄，员工人数近两万人，累计贷款52.7亿美元。他创新了小额贷款新模式：以五人为一小组，互相监督，如哪位不按期还款，小组内其他成员的利益就会受到损失，甚至被取消资格——正是这种机制促生了每位穷人的良知与感恩的心，使还款率达到96%以上。他的格莱珉集团股权96%由借贷人所有，剩余4%由政府和社会组织所有，其中大多数为妇女所有，真正做到了为穷人提供服务。他还积极向联合国倡导格莱珉模式，使格莱珉模式扩展到全球100多个国家与地区，超过1100多万人从中受益。正是尤努斯的魄力和善心，使诺贝尔和平奖第一次颁给了一位商人，以奖励其为贫困阶层的经济与社会发展所做出的杰出贡献。由此可见，行善可以生财，多做善事，就会多积福报，多积福报，财运就会好，财运好，就自然能赚更多的钱。"

"这是不是有点迷信哦？"安妹问。

"反正多做善事没有坏处。其实，在我国传统文化里，也是讲究多做善事的。我国传统国教道教，讲究的是阴阳平衡。什么是平衡？就是你赚钱多了，必须撒一点出来，做做善事，帮助一下别人。有句俗话不是说得好嘛：多行不义必自毙，多做善事必增福。大家心存善念，多为他人、多为社会做些善事又有什么不好呢？如果整个社会都多些善念、多些正能量，我们这个社会无疑会变得更加美好。当然，行善积财是个玄学问题，现在还没有科学的解释，所以我也不希望你去多宣扬，我们只要心存善念，尽可能多做善事就行了。"

"老师，我听你的，无论行善积不积财，我都要力争多做善事，为别人也为自己好。古语说得好：诸恶莫作，众善奉行，久而久之，必然会获得吉庆了。"安妹说。

"今天就谈到这里，关于投资，大体也就这些问题了，你如果能举一反三，多做研究和摸索，那么，成为亿万富翁并不是难事，你自己认真去体会吧。"

"谢谢老师，我一定身体力行，有不懂的再向老师请教。"安妹真诚地向刘跃道了个谢。

◈ 编后语

行善不仅利于个人，对自己的家庭、对整个社会也是有好处的。当社会充满了正能量，我们的生活也会变得更加美好。

◇ **结束语**

理财就这么简单

  这本小册子虽然啰里啰唆写了十多万字,但其实归纳起来是十分简单的,简单到你只要选一个好基金,然后有钱买它就行了。只要它能够达到平均年化收益20%,而你又能持续不断地投资,那么你成为千万富翁、亿万富翁也是一个大概率事件。关键是你要会选这样的基金。本书就是通过介绍选基金的方法让你能尽最大可能地选到好基金。当然,选到好基金后,如果你能明白什么是牛市、什么是熊市,然后用简单的方法回避掉熊市的急跌段,而在其他时段持续不断地投资好基金,那么你的投资收益还会更高。如果你能更清楚地分析股市大趋势,也许你对波段的把握还会更精确,收益也许会更高。

  虽然投资的方法很简单,但要找准这样的投资方法并不容易,所以我用相当的篇幅告诉你,不要去投资股票、期货、现货等,这些看似赚钱的项目,实际上一般投资者是做不得也做不好的,因为在这些市场中,你就是一个业余队员,业余队员能够战胜专业队员吗?我们只要稍微想一想就会明白其中的道理。所以,要赚钱,还是得搞清楚自己的投资能力,在自己投资能力不足的情况下,我们还是要学会借智理财,要通过投资基金,借助基金的专家智慧来帮我们赚钱。为了帮助读者直观理解,本书还使用了大量的数据统计,比较散户与基金的赚钱能力以及基金与基金之间的赚钱能力。通过比较,我们就能客观地选到好基金,从而真正走上致富之路。

  当然,在投资的过程中,我们也有一些问题要注意,譬如不能借钱投资,不能朝三暮四，要能忍受住诱惑，要对新投资品种的盈利模式、盈利能力进行充分的了解，要综合考虑投资的安全性、流动性和收益性，等等，只有这样，你才能保证在安全的前提下一步步走上亿万富翁之路。

投资没有诀窍，关键还在于耐心、信心和决心，只要有了这三"心"并掌握了正确的投资方法，那么这些简单的方法将会发挥出巨大的威力。不要认为方法简单作用就不大，在投资市场，那些看起来很简单的方法，往往是最有效的。所以你不需要懂得很复杂的技术，你只要按照上述简单的方法操作就行了。也许，这些方法才是真正最有效的。

投资并不是一件难事，所以我们要尽量做到化繁为简，去粗存精，做到简单、实用、有效就行了。事实上，复杂并不一定有效，简单的往往才是最有效的。投资者在实践中如果能做到返璞归真、一招制胜，那么本书写作的目的也就达到了。

真诚地希望大家能在投资的过程中，多多地赚钱，过上富足幸福的生活。